Aleida Assmann

Der europäische Traum

Vier Lehren aus der Geschichte

C.H.Beck

1. Auflage. 2018
2. Auflage. 2018
3. Auflage. 2018

4. Auflage. 2019

Originalausgabe

© Verlag C.H.Beck oHG, München 2018
Satz: C.H.Beck.Media.Solutions, Nördlingen
Druck und Bindung: Pustet, Regensburg
Umschlaggestaltung: Konstanze Berner, München
Umschlagabbildung: Europa bei Nacht, © NASA Earth Observatory
Gedruckt auf säurefreiem, alterungsbeständigem Papier
(hergestellt aus chlorfrei gebleichtem Zellstoff)
Printed in Germany
ISBN 978 3 406 73380 2

www.chbeck.de

Inhalt

Vorwort 8

**Erster Teil: Kann man
aus der Geschichte lernen? 11**

Zur Geschichte der EU 13

Vier Lehren aus der Geschichte 20

1. Lehre: Friedenssicherung – Wie aus Erzfeinden
kooperierende Nachbarn werden 21

2. Lehre: Die (Wieder-)Herstellung von Rechtsstaatlichkeit
oder der Umbau von Diktaturen in Demokratien 30

3. Lehre: Historische Wahrheit und der Aufbau einer
deutschen Erinnerungskultur 38

4. Lehre: Die Wiederentdeckung der Menschenrechte 56

Der europäische Traum 74

Zweiter Teil: Fallbeispiele 83

1. Lehre: Friedenssicherung 83
   *Der 8. und der 9. Mai – Zwei europäische
   Gedenktage? 83*

2014/18 – Die europäische Erinnerung an den Ersten Weltkrieg 88

2. Lehre: Demokratisierung 96

   Deutsche Antworten auf zwei Diktaturen – Ähnlichkeiten und Unterschiede 96

   Vergessen und Erinnern am Beispiel des Spanischen Bürgerkriegs 108

3. Lehre: Erinnerungskultur 120

   Die Rolle der 68er für die Aufarbeitung der NS-Vergangenheit 120

   Monologisches und dialogisches Erinnern in Europa 128

4. Lehre: Menschenrechte 142

   Die vergessene deutsche Migrationsgeschichte 142

   Schicksalsvergleiche – Zwischen Empathie und Abwehr 153

Differenzen, Defizite, Desiderate 161

   Linkes und rechtes Unbehagen an der deutschen Erinnerungskultur 161

   Ost-West-Spaltungen 167

   Das koloniale Erbe Europas 176

Epilog 185

Anhang 191

Anmerkungen 191

Personenregister 205

*Das Buch ist den Trägern und Stützen
der Willkommenskultur gewidmet*

Vorwort

Europa kann auf eine lange Tradition positiver Selbstbilder zurückblicken. Hier war einmal der Nabel der Welt, hier stand die Wiege der Zivilisation, hier wurden die Grundlagen gelegt zu allen möglichen kulturellen Errungenschaften, die sich dann über den Erdball verbreitet haben. Im populären Selbstverständnis gilt Europa nach wie vor als Hort der Vernunft, der Freiheit und der Demokratie. Aus einer nichteuropäischen Perspektive erscheinen diese Deklamationen dagegen als Teil einer ‹Europa-Ideologie›. Natürlich wissen wir heute, dass in Europa auch der Nationalsozialismus und der Stalinismus mit ihren verheerenden, destruktiven Folgen ihre Wurzeln haben. Was aber nach wie vor kaum thematisiert wird, ist die Tatsache, dass das zivilisierte Europa sich über Jahrhunderte als eine überlegene Herrenrasse empfand, was den Europäern als Legitimation diente, andere Menschen und Kulturen herabzusetzen. Der Gegensatz zwischen ‹wild› und ‹zivilisiert› wurde dazu benutzt, Menschen in Gruppen zu teilen, um sie nicht nur missionieren und zivilisieren, sondern auch besser bekämpfen, ausbeuten oder versklaven zu können. All das ist nicht nur Geschichte, sondern in gewissem Sinne noch Gegenwart, denn wir leben heute in der zwar eng vernetzten, aber zugleich auch äußerst ungleichen Welt, die der europäische Imperialismus geschaffen hat. Neu an dieser Situation ist, wie Pankaj Mishra feststellt, dass die anderen inzwischen ihre eigenen Geschichten schreiben. Europa kann sein Selbstverständnis deshalb nicht mehr selbstbezüglich nach innen entwerfen, sondern muss angesichts der globalen Verflechtung auch die Existenz anderer Nationen außerhalb Europas mit berücksichtigen. Mishra fasst zusammen: «Der Boden ist bereitet für komplexere Formen des Selbstverständnisses, frei von Selbstgefälligkeit, nationalistischer Mythenbildung und Rassendünkel».

Der Begriff des ‹europäischen Traums›, der im Titel dieses Buches erscheint, gehört nicht in die lange Tradition stolzer europäischer Selbstbilder, sondern soll hier für eine komplexere Form des Selbstverständnisses und der Auseinandersetzung mit der eigenen Geschichte stehen, wie Mishra sie einfordert. Als Pendant zum ‹amerikanischen Traum› gebildet, wird der ‹europäische Traum› als ein gemeinsames Leitbild des Denkens und Handelns für die Nationen der EU vorgeschlagen, die miteinander in einer Geschichte der Gewalt verbunden sind. In Europa ist die Geschichte der Stoff, aus dem nicht nur Alpträume und Traumata, sondern eben auch der Traum einer friedlichen gemeinsamen Zukunft gemacht ist. Jene Gewaltgeschichte zu überwinden verlangt aber, sie zu kennen und anzuerkennen, um daraus gemeinsame Normen und Ressourcen für die Herausforderungen der Gegenwart und Zukunft zu gewinnen.

Die Grundgedanken dieses Buches haben verschiedene Fassungen durchlaufen. Unter dem Titel «Aus der Geschichte lernen? Der Sonderweg und die Krise der EU» konnte ich einige Thesen innerhalb einer Wiener Vorlesung im September 2017 vorstellen und mit Hubert Christian Ehalt und Oliver Rathkolb diskutieren, denen ich dafür sehr dankbar bin. Dass das Buch nicht auf die lange Bank geschoben wurde, ist einem unerwarteten Zwischenfall zu verdanken. Die Zuerkennung des Friedenspreises des Deutschen Buchhandels 2018 an Jan Assmann und mich, von der wir im Juni 2018 erfuhren, hat ebenso plötzlich wie kurzfristig ein Zeitfenster für die Realisierung des Projekts geöffnet. In dieser Phase genoss ich die atmosphärische Unterstützung des Wissenschaftskollegs zu Berlin und die anregenden Gespräche mit Fellows wie Paweł Machcewicz, Luca Giuliani, Charles Maier, James Simpson und Dieter Grimm.[1] Der Verlag C.H.Beck, vertreten durch Stefanie Hölscher und Andreas Wirthensohn, hat das Buch in diesem Eilverfahren umsichtig, kompetent und zuverlässig betreut. Jan Assmann danke ich für die erste Lektüre, viele Korrekturen und unser wunderbares Dauergespräch.

Traunkirchen, im August 2018

Erster Teil: Kann man aus der Geschichte lernen?

Kann man aus der Geschichte lernen? Wir alle kennen die Standardantwort auf diese Frage: Alles, was wir aus der Geschichte lernen können, ist, dass wir nichts aus ihr lernen können. In diesem Punkt waren sich so unterschiedliche Denker wie Georg Wilhelm Friedrich Hegel und George Bernard Shaw einig. Reinhart Koselleck hat ihnen später noch eine Begründung für ihre pessimistische Antwort geliefert. Er konnte nämlich genau angeben, wann und warum der alte Topos von der Geschichte als Lehrmeisterin des Lebens *(historia magistra vitae)* aus dem Verkehr gezogen wurde. Das geschah mit dem Bruch der Aufklärung. Aus der Geschichte können wir nichts mehr lernen, so stellte Koselleck fest, seit sich die Gesellschaft gegen Ende des 18. Jahrhunderts einer Kultur der Modernisierung verschrieben und damit auf Innovation und Wandel umgestellt hat. In einem dynamischen Geschichtsprozess traten seither Vergangenheit und Zukunft, Erfahrungsraum und Erwartungshorizont deutlich auseinander. Wo vorher ein Kontinuum bestand, herrschte nun ein Gegensatz. Das hatte zur Folge, dass die Lehren von gestern nicht mehr für die Lösung der Probleme von morgen taugen.

Paul Valéry gehörte ebenfalls zu denen, die sich nicht vorstellen konnten, aus der Geschichte zu lernen. 1931, nach

dem Ersten Weltkrieg und vor dem Zweiten, konnte er beobachten, wie zum Beispiel in Deutschland die Geschichte
national aufgerüstet und damit in einen gefährlichen ideologischen Kampfstoff verwandelt wurde. «Die Geschichte ist
das gefährlichste Elaborat, das die Chemie des Intellekts produziert hat. Seine Eigenschaften sind allbekannt. Es bringt
die Völker ins Träumen, versetzt sie in Rausch, gaukelt ihnen
eine Vergangenheit vor, übersteigert ihre Reflexe, hält ihre
Wunden am Schwären, stört sie in ihrer Ruhe auf, treibt sie
zu Größenwahn oder auch zu Verfolgungswahn und macht,
dass die Nationen verbittert, auftrumpfend, unausstehlich
und eitel werden.» Und weiter heißt es: Die Geschichte
«rechtfertigt alles, was man will. Sie lehrt überhaupt nichts,
denn sie enthält alles und gibt Beispiele für alles.»[1]

Das sind gerade heute wieder hochaktuelle Worte. Meine
These ist jedoch, dass aus der verheerenden Geschichte nach
dem Zweiten Weltkrieg tatsächlich auch Lehren gezogen
wurden und die EU als Produkt dieses Lernprozesses zu verstehen ist. Valéry starb 1945. Er hat das Ende des Krieges
noch miterlebt, aber nicht mehr den Aufbau eines neuen Europas. Könnte er zurückkehren, um sich zu erkundigen,
würden wir ihm erzählen, wie die Geschichte weitergegangen ist. Ich jedenfalls möchte, gegen Valérys pessimistische
Thesen, die Idee des Lernens aus der Geschichte verteidigen,
denn woraus, um alles in der Welt, soll man denn sonst lernen?

Tatsächlich müssen wir auf die Vorgeschichte der EU
noch einmal zurückkommen, wenn wir die heutigen Entwicklungen differenzierter beurteilen und die Krise des Zu-
sammenhalts der europäischen Föderation besser verstehen
wollen. Dafür möchte ich eine Perspektive anbieten, die in
historischen Darstellungen bisher noch nicht zum Tragen

kommt, und das ist die Frage nach dem kollektiven Selbstbild der EU und der Rolle, die dabei die historische Erinnerung ihrer Mitgliedstaaten spielt oder spielen kann.

Zur Geschichte der EU

Vor 130 Jahren machte sich der französische Philosoph Ernest Renan Gedanken über die Zukunft des Nationalstaats.
Dabei kam er zu dem Ergebnis: «Die Nationen sind nichts
Ewiges. Sie haben einmal begonnen, sie werden einmal enden. Die europäische Konföderation wird sie wahrscheinlich
ablösen.»[1] Heute sind viele geneigt, diese Prognose umzudre-
hen und zu sagen: Die EU ist nichts Ewiges. Sie hat einmal
begonnen, sie wird einmal enden. Die Nationalstaaten werden sie wahrscheinlich (wieder) ablösen. War die europäische Idee einer transnationalen Allianz ein neues, geschichts-
wirksames Modell eines demokratischen Staatenbunds oder
war sie nur ein ephemeres historisches Ereignis, das schon
bald wieder folgenlos verschwindet? Der amerikanische Historiker Tony Judt sprach 1996 bereits von der «großen Illusion Europa». Kurz zuvor hatte der britische Politologe Alan
Milward in einer klassischen Studie die EU als «Retterin der
Nationalstaaten» bezeichnet.[2] Möglicherweise ist es schon
verfehlt, die Frage, wie Renan es tat, in der Form eines
Entweder-oder zu stellen, da sich die Nationalstaaten in
diesem Verbund keineswegs auflösen, sondern auch
stabilisieren. Es gehört zu den Besonderheiten der EU, dass
sie trotz Vergemeinschaftung von Verantwortungen und
Entscheidungen eher zu einem Impuls für die Stärkung als
für die Schwächung nationaler Tendenzen geworden ist.

Könnte Renan zurückkehren, um sich zu erkundigen,

wie die Geschichte weitergegangen ist, würden wir ihm erzählen, dass seine Prognose einer europäischen Konföderation tatsächlich wahr geworden ist, allerdings unter ganz anderen Umständen, als er sie sich hätte vorstellen können. Es gab nämlich keinen einfachen evolutionären Schritt vom Nationalstaat zur europäischen Föderation, sondern es waren revolutionäre und katastrophische Umwälzungen, die nach zwei verheerenden Weltkriegen schließlich zur Verwirklichung des Europa-Gedankens führten. Das praktische Nachdenken über Europa als einen ‹Völkerbund› begann zunächst nach dem Ersten Weltkrieg als pazifistisches Projekt und damit als direkte Antwort auf diesen Krieg, in dem sich fünf europäische Imperien, zum Teil durch ihre kolonialen Truppen verstärkt, in unvorstellbaren Materialschlachten gegenseitig aufgerieben hatten. Bevor aber die friedlichen Europa-Gedanken Fuß fassen konnten, musste erst noch ein ganz anderer geopolitischer Europa-Gedanke militärisch bezwungen und begraben werden, und das war der ungehemmte imperiale Expansionswille des deutschen NS-Staats, den Hitler mit dem Namen Europa verband. Sein wahnhaftes Ziel, ein tausendjähriges Reich auf europäischem Boden zu errichten, hat er nicht erreicht; was er aber auf mörderische Weise erreicht hat, war die Beendigung einer tatsächlichen tausendjährigen Geschichte des Zusammenlebens von Juden und Nichtjuden in Osteuropa. Auf diese Erfahrung von Gewalt und Zerstörung musste nach 1945 eine Antwort (im Doppelsinn der Reaktion und des verantwortlichen Umgangs) gefunden werden. Das Nachdenken über eine europäische Föderation war die Form dieser Antwort.

Viele verstehen Europa heute als ein kosmopolitisches Projekt, das die Selbstbezüglichkeit und Ausschließungsgewalt homogener Nationalstaaten in einer gemeinsamen Anstrengung überwindet. Dieser Gedanke stand jedoch nicht am Anfang der Europäischen Union. Jene Antwort hatte zunächst den Charakter einer Prävention. Es durfte sich auf keinen Fall jemals wiederholen, was sich in der ersten Hälfte des 20. Jahrhunderts ereignet hatte. Es sollte nie wieder auch nur den Ansatz einer Voraussetzung dafür geben. Aus diesem Gedanken entstand 1950 die Europäische Gemeinschaft für Kohle und Stahl, die auch Montanunion genannt wurde. Vordergründig ging es dabei um einen zollfreien Zugang zu den Rohstoffen der Schwerindustrie. Hintergründig ging es bei dieser wirtschaftlichen Zusammenarbeit jedoch um etwas ganz anderes, nämlich um die Zähmung Deutschlands in der Mitte Europas. Es musste unter allen Umständen verhindert werden, dass Deutschland noch einmal eine Schwerindustrie aufbaute, mit der es sich für einen weiteren Krieg hochrüsten und damit für seine Nachbarstaaten wieder gefährlich werden konnte. Die Wirtschaftskooperation der sechs Gründungsmitglieder Belgien, Deutschland, Frankreich, Italien, Luxemburg und Niederlande diente damit primär einer dauerhaften Friedenssicherung. Deutschland, das sich im Zweiten Weltkrieg so gewalttätig ausgebreitet hatte, das so viel Leid über die europäischen Nachbarn gebracht und die europäischen Juden vernichtet hatte, durfte in Europa nie wieder so viel Spielraum erhalten und musste deshalb zunächst einmal gezähmt, eingehegt und eingegliedert werden.

Die Prävention als angemessene Antwort auf die Erfahrung der beiden Weltkriege wurde allmählich abgelöst durch die Antwort der Reparatur. Mithilfe des US-amerikanischen Marshall-Plans verwandelte sich die Strategie des Kontrollierens und Kleinhaltens in eine umfassende und nachhaltige Wirtschaftsförderung. Die USA investierten in großem

Maßstab in Westdeutschlands Modernisierung und wirtschaftlichen Aufbruch. Die nationale Währung der D-Mark wurde zu einer Erfolgsgeschichte und einem Markenzeichen im Rahmen der neuen Allianz von NATO-Staaten. Mit diesem militärischen Bündnis des Kalten Krieges wurde Westdeutschland zu einem Teil Westeuropas. Im Zentrum dieses West-Bündnisses stand ein Konzept westlicher Demokratie und Kultur, das in Deutschland besonders von der jüngeren Generation emphatisch angenommen wurde, weil es transnationale Horizonte eröffnete und eine neue Zukunft ermöglichte. Europa modernisierte sich durch eine globale Jugendkultur und die Protestbewegungen der 68er-Generation. In diesem kulturellen Rahmen westlicher Modernisierung wurde die Frage ‹Was ist europäisch?› zurückgedrängt, und Bestrebungen in Richtung einer eigenen nationalen Identität wurden als unzeitgemäß bzw. reaktionär ausgeklammert.

In den 1970er Jahren wuchs die Zahl der Mitgliedstaaten der Europäischen Gemeinschaft durch den Beitritt Dänemarks, Irlands und Großbritanniens auf neun. Gleichzeitig verwandelten sich die letzten westeuropäischen Diktaturen Portugal, Spanien und Griechenland in Demokratien, was das politische und wirtschaftliche Binnenklima Westeuropas vereinheitlichte. Diese Länder wurden in den 1980er Jahren zu Mitgliedern der EU. Der Fall der Mauer führte nach vier Jahrzehnten feindlicher Nachbarschaft im Kalten Krieg zur unerwarteten und euphorisch gefeierten deutschen ‹Wiedervereinigung›. Mit der Öffnung ehemals hermetischer Grenzen kam es nach 1989 zu einem erheblichen Mobilitätsschub und Bevölkerungsaustausch, der aber auch seine Probleme mit sich brachte. Nach dem Beitritt der DDR zur Bundesrepublik mussten in Deutschland zwei miteinander fremdelnde Bevölkerungsgruppen wieder zusammenfinden; es gab die Arroganz der Bevormundung, es gab die ‹Ostalgie›, und es gibt noch immer Verbitterung und Misstrauen. Nach dem Zusammenbruch des Staatskommunismus kam es 1995 zunächst zum EU-Beitritt dreier weiterer westeuropäischer Staaten (Finnland, Österreich und Schweden) und ein Jahrzehnt später, zwischen 2004 und 2007, zum Beitritt von zwölf mittel- und osteuropäischen Staaten, in denen der Systemwechsel nicht so glimpflich verlaufen war wie in Leipzig und anderen ostdeutschen Städten. In Litauen zum Beispiel, das 1990 unabhängig wurde, gab es im Januar 1991 einen Militärputsch, bei dem moskautreue Kräfte mit Unterstützung sowjetischer Militärs die Entwicklung wieder umkehren wollten. Dabei starben insgesamt 14 Zivilisten und über 1000 weitere wurden verletzt. Beim anschließenden Referendum stimmten 90,5 Prozent der Wähler für ein unabhängiges Litauen.

Diese letzte Phase in der Entwicklung der EU, in der das Erbe des Kalten Krieges historisch überwunden wurde, wird oft als ‹Osterweiterung› bezeichnet. Dieser Begriff hat sich inzwischen als problematisch erwiesen, denn was nach dem Zusammenbruch des Ostblocks als eine zwar völlig unerwartete, aber doch konsequente Entwicklung erschien, wurde vom Nachbarland Russland unter ganz anderen Vorzeichen wahrgenommen. Der russische Staatspräsident Wladimir Putin hat 2005, umgekehrt zur Lesart der Erfolgsgeschichte der EU, den Zusammenbruch der Sowjetunion als «die größte geopolitische Katastrophe des 20. Jahrhunderts» bezeichnet und tut seitdem das Seine, um die EU von Osten her in ihre Schranken zu weisen. Historische Wahrnehmungen sind nichts Triviales, und wenn sie kollidieren, kann das unerwartete Folgen haben. Ein erstes Zeichen, das allerdings von den europäischen Staaten damals noch kaum begriffen wurde, war die russische Reaktion auf die Umsetzung der Statue eines russischen Soldaten aus der Mitte der estnischen Hauptstadt Tallinn auf einen Friedhof am Stadtrand. Auf diese symbolpolitische Provokation folgte von Seiten Russlands die erste große Cyberattacke, die es darauf abgesehen hatte, alle wichtigen Institutionen des Landes lahmzulegen.[3]

Die Annexion der Krim im März 2014 und der Krieg in der Ukraine haben die Spannungen zwischen Russland und der EU inzwischen erheblich verschärft. Der Aufbau neuer Koalitionen zwischen osteuropäischen Mitgliedstaaten und Russland ist ein deutliches Zeichen dafür, dass die friedliche Ausdehnung der EU nicht in ihrer Konsolidierungsphase angekommen ist, sondern es neuerdings mit neuen Kriegen und Aushöhlungsprozessen zu tun bekommt. Auch der Krieg auf dem Balkan von 1992 bis 1995 ist hier zu nennen. Bei dem serbischen Massaker in der Stadt Srebrenica kamen 8000 bosnische Muslime um. Hier gelang es den niederländischen Blauhelmtruppen der Vereinten Nationen nicht, rechtzeitig zur Rettung von Menschenleben einzuschreiten. Von den Ländern, die damals vom Krieg betroffen waren, ist Kroatien seit 2016 Mitglied der EU, Bosnien hat einen Antrag gestellt, und Serbien, Montenegro und Nord-Mazedonien stehen auf der Kandidatenliste.

Genau genommen wurde die europäische Konföderation zwei Mal gegründet, wobei die historischen Voraussetzungen sehr unterschiedlich waren. Nach dem Ende des Zweiten Weltkriegs verhinderte die EU in Deutschland das Wiederaufleben eines selbstzentrierten und aggressiven Nationalstaats und bot gleichzeitig Staaten wie Frankreich eine neue Perspektive, die sich von kolonialen Imperien in Nationen zurückverwandelten. Nach dem Ende des Kalten Krieges entstand Europa nicht mehr auf dem Trümmerberg der

Weltkriege, sondern aus der Konkursmasse des zerfallenen Sowjetimperiums. Damit haben sich auch die Voraussetzungen für den europäischen Staatenbund deutlich verschoben. Mit der Aufnahme ehemaliger Ostblockstaaten ging der zündende Impuls innerhalb der EU nicht mehr vom Nationalen zum Transnationalen, sondern vom Transnationalen zum Nationalen. Diese Richtungsänderung beförderte, wie Tony Judt und Alan Milward bereits in den 1990er Jahren konstatierten, eine Wiederentdeckung und Wiederbelebung von Nationalstaaten in Ost und West.

Nach annähernd 70 Jahren Erfahrung mit europäischen Allianzen stellen wir fest, dass sich die Dynamik, die in den 1990er Jahren angelegt war, nach 2015 im Zeichen der Migrationskrise erheblich verstärkt hat. Die mittel- und osteuropäischen Staaten, die einst Teil des sowjetischen Blocks waren, verstanden den Verbund der EU vorwiegend als Sicherung ihrer Nation gegen den kommunistischen Zwangsverband. Deshalb gründeten sie ihre Identität und Einheit auf ein kommunistisches Feindbild und ein nationales Opfernarrativ. Die Namen ihrer Geschichtsmuseen sprechen für sich: das ‹Besatzungsmuseum› in Riga, das ‹Genozidmuseum› in Vilnius und das ‹Haus des Terrors› in Budapest. In Budapest wird die Geschichte des Kommunismus weiterhin als eine massenwirksame Horrorstory inszeniert – was jedoch nicht verhindert, dass der Präsident des Landes inzwischen sehr viel mehr Sympathien für Putins Regierung als für die Europäer in Brüssel zeigt. Die europäische Konföderation beginnt zu bröckeln, der Zusammenhalt der EU steht unter großem Druck. Alles ist zurzeit im Fluss, seit der Aufbau neuer Allianzen und politischer Konstellationen zu einer möglichen Alternative zur EU geworden ist.

Vier Lehren aus der Geschichte

Noch einmal zurück zu Valérys Frage: Kann man aus der Geschichte lernen? Seine Beschreibung von 1931 ist heute aktueller denn je, denn wir können allseits beobachten, wie Nationen verbittert, auftrumpfend, unausstehlich und eitel werden. Tatsächlich, auch darin ist Valéry Recht zu geben, lehrt die Geschichte überhaupt nichts, insofern sie alles rechtfertigt, was man will. Die Geschichte ist zur politischen Beute geworden. In autokratischen Regimen werden Historiker, die nicht die offizielle politische Linie vertreten, eingesperrt und Museen werden geschlossen oder Gedenkstätten beseitigt, um eine eindeutige und staatstragende Botschaft an ihre Stelle zu setzen (siehe unten, S. 138–142). Und dennoch können wir Valérys Fazit nicht einfach akzeptieren. Immerhin haben wir inzwischen Begriffe, Konzepte und Normen gewonnen, die es zu seiner Zeit noch nicht gab: ‹Genozid›, ‹Verbrechen gegen die Menschlichkeit›, ‹Achtung der Menschenrechte›. Diese Lehren sind weithin bekannt, aber nicht in einer Konkretheit präsent, in der sie auch ihre Wirkung entfalten können. Sie werden in politischen Reden immer wieder aufgezählt, verblassen dabei aber und entleeren sich in der puren Wiederholung. Wenn man jedoch den Weg vom *Aufzählen* zurück zum *Erzählen* beschreitet, um genauer zu erfahren, wann und wie diese Lehren gewonnen wurden, lassen sich die Begriffe wieder mit konkreter Anschauung füllen. Wenn man weiß, dass sie unter historisch kontingenten Bedingungen errungen wurden, kann man sich vorstellen, dass diese Lehren auch schnell wieder verschwinden können. Denn sie erhalten und bewähren sich nicht in wohlmeinenden Reden, sondern allein dadurch, dass man sich für sie einsetzt und sie umsetzt. Das beginnt damit, dass man sich für sie interessiert und sie etwas von ihrer gedankenlosen Selbstverständlichkeit verlieren. Die vier Lehren, auf die ich mich im Folgenden konzentrieren werde, sind nicht gleichzeitig gefunden oder erfunden worden. Zwei von ihnen, das Friedensprojekt und das Demokratisierungsprojekt, sind nach 1945 entstanden und wurden nach 1989 neu getestet, zwei weitere, die Erinnerungskultur und die Menschenrechte, sind erst nach 1989 dazugekommen. Um ein präziseres Bild von diesen Lehren zu bekommen, lohnt es sich zu wissen, unter welchen historischen Umständen sie errungen und erworben wurden.

1. Lehre: Friedenssicherung – Wie aus Erzfeinden kooperierende Nachbarn werden

«Wir haben in Europa einen dauerhaften Frieden geschaffen, der auf die Versöhnung von Erzfeinden gegründet ist. Das ist ein historisches Beispiel für die Welt.» Mit diesen Worten hat der ehemalige EU-Kommissionspräsident José Manuel Barroso die Erfolgsgeschichte der EU auf die kürzeste Formel gebracht.[1] Die Tradition der Friedensschlüsse und der Beendigung von Erbfeindschaften ist ein Motiv, das die europäische Geschichte vom Edikt von Nantes im Jahre 1598 bis ins 19. Jahrhundert begleitet. Leider haben diese Friedensschlüsse den Rückfall in immer größere und gewaltsamere Kriege nicht verhindert.

Das europäische Projekt der Friedenssicherung begann bereits nach dem Ersten Weltkrieg mit den Verträgen von Locarno im Jahr 1925. Diese Verträge sicherten die Grenze zwischen Deutschland und Frankreich und beendeten die

Isolation Deutschlands nach dem Ersten Weltkrieg mit der Aufnahme in den Völkerbund. Ein Jahr später erhielten Aristide Briand und Gustav Stresemann dafür den Friedensnobelpreis. Dieser Friede hielt aber nicht lange; er endete mit der Weltwirtschaftskrise und dem Aufstieg der Nationalsozialisten. Wie aber konnte man sich in Europa nach 17 Millionen Toten im Ersten und 55 Millionen Toten im Zweiten Weltkrieg, nach präzedenzlosen Menschheitsverbrechen und umfassender Zerstörung von Städten und Kulturerbe überhaupt auf einen Neuanfang einstellen?

Nach dem Zweiten Weltkrieg stand die Friedenssicherung am Anfang des europäischen Projekts. Diese begann mit einer Allianz zur Entschärfung der Bedrohung durch Deutschland und später mit der vollen Integration Deutschlands in diese Allianz. Aus deutscher Perspektive bleibt an diesem zweiten Friedensprojekt der Verzicht der Alliierten auf Hass und Vergeltung überraschend. Tatsächlich hat sich Winston Churchill bereits 1946 dafür eingesetzt, dass den Deutschen und denen, die mit den Achsenmächten kollaboriert hatten, nicht länger ihre Vergangenheit vorgehalten wurde. Nachdem die Verantwortlichen in Nürnberg verurteilt worden waren, verlangte er «ein Ende der Abrechnungen» und plädierte für ein gemeinsames Vergessen. Mit diesem Plädoyer fürs Vergessen, auf das wir noch ausführlicher zurückkommen werden (siehe unten, S. 39–41), hoffte er, Gefühle des Hasses und der Rache zu unterbinden und einen nachhaltigen Frieden zu befördern.

Der Verzicht auf Rache war damals Konsens unter den Siegermächten und wurde sogar von Holocaust-Überlebenden wie Robert Antelme mit Nachdruck vertreten, dessen Wort in dieser Sache unschätzbares Gewicht hatte. Der Fall von Elie Wiesel lag etwas anders. Er, der die Konzentrationslager Auschwitz und Buchenwald überlebte, hat sein erstes Erinnerungsbuch zunächst auf Jiddisch geschrieben. Das 800 Seiten lange Manuskript hat er dann auf Anraten des französischen Schriftstellers François Mauriac stark gekürzt und unter dem Titel *La Nuit* 1958 in einer bereinigten französischen Fassung veröffentlicht, aus der die Eruption von Gefühlen des Hasses und der Rache getilgt war.

Der europäische Frieden war im Kalten Krieg keineswegs vollkommen, denn er war auch Teil einer politischen Strategie und wurde nach 1945 auf ein neues Feindbild gegründet. Anstelle der gegenseitigen Nachbarn waren nun Russland, der Kommunismus und der Ostblock der Gegner, gegen den man sich vereinigte. Das westliche Europa wurde folglich auf Konfrontation, Ausschluss und Polarisierung gegründet. Eine immer härtere Grenze verlief deshalb mitten durch Europa und spaltete den Osten vom Westen. Das führte dazu, dass sich die beiden politischen Blöcke nach innen anglichen und das Konzept des ‹Westens› die Bedeutung eines kulturpolitischen Gründungswerts und Bekenntnisses annahm, dessen Ende wir heute erleben.[2]

Nach dem Fall der Mauer veränderte sich die Zusammensetzung der EU, denn sie integrierte die ehemaligen Staatsfeinde. Mit dieser überraschenden Wende wandelte sich auch die Friedensmission der Union. Gegen wen konstituierte sich nun der Staatenbund der erweiterten EU? Konnte die EU überhaupt ohne ein gemeinsames Feindbild auskommen? Wiederum waren es gerade die Opfer der Geschichte, diesmal nicht des Holocaust, sondern des Gulag, die wie Václav Havel oder Alexander Solschenizyn für eine mentale Öffnung eintraten und neue Verbindungen zwischen Ost und West knüpften. Allerdings sprachen die neuen Nationalmuseen der Staaten des ehemaligen Ostblocks eine andere Sprache. Dort wurden der Kommunismus, die Rote Armee und die sowjetische Besatzungszeit des Kalten Krieges als Feindbild und dunkler Hintergrund aufgebaut, vor dem die Geschichte der eigenen Nation als Opfernarrativ präsentiert wurde. Auch hier waren es wiederum Künstler wie Günter Grass und Czesław Miłosz, die sich auf der Grundlage ihres eigenen Erfahrungsgedächtnisses gegen die Zwänge politischer und ethnischer Homogenisierung wehrten und zwischen Ost und West vermitteln wollten.[3]

Wie die europäische Geschichte von Friedensschlüssen bestimmt ist, so ist die europäische Politik von Versöhnungsritualen geprägt. Eine Friedens- und Versöhnungspolitik praktizierten nach dem Zweiten Weltkrieg bereits Charles de Gaulle und Konrad Adenauer. Sie nahmen gemeinsame Paraden ab und feierten 1962 das Hochamt in der Kathedrale von Reims. Damit signalisierten sie über nationale Grenzen hinweg Versöhnung und Vergebung in einem militärischen und christlichen Rahmen. Der historische Schauplatz war dabei hoch symbolisch gewählt: In der nordfranzösischen Stadt Reims war am 7. Mai 1945 die deutsche Kapitulation unterzeichnet worden, hier hatte General Eisenhower sein Hauptquartier aufgeschlagen. Das religiöse Reinigungsritual hatte die wichtige politische Bedeutung, die Wiederaufnahme Westdeutschlands in das westliche Bündnis zu beschleunigen und zu vertiefen.

An diese Tradition schlossen die Staatsmänner Helmut Kohl und François Mitterrand an, die sich 1984 auf dem Soldatenfriedhof Douaumont vor dem Beinhaus trafen und sich plötzlich im Gedenken an die Schlacht von Verdun an den Händen hielten. Die Zeit spielte dabei eine wichtige Rolle. 70 Jahre nach Beginn des Ersten Weltkriegs konnte man zuschauen, wie sich überkommene Feindschaften auflösten. Hier trafen sich ein Franzose und ein Deutscher der nächsten Generation zu diesem Friedensritual: Mitterrand hatte im Zweiten Weltkrieg gekämpft, Helmut Kohl hatte seinen Bruder in diesem Krieg verloren. Ein entsprechender Händedruck anlässlich des Gedenkens des Zweiten Weltkriegs war damals noch tabu. Dazu wurde erst Kohls Nachfolger Gerhard Schröder am 6. Juni 2004 eingeladen und nahm an den Feierlichkeiten zum 60. Jahrestag des ‹D-Day›, der Landung der Alliierten in der Normandie, teil.

Der Kniefall von Willy Brandt am Denkmal der jüdischen Ghettokämpfer in Warschau am 7. Dezember 1970 ist selbst zu einem historischen Ereignis geworden, an das eine eigene Plakette am Ort des Geschehens erinnert. Diese Geste der Reue und Demut hat das Protokoll gesprengt und einen tiefen und nachhaltigen Eindruck hinterlassen. Das Ereignis stand im Zusammenhang einer neuen sozial-liberalen Versöhnungspolitik, die 1965 mit einer Ost-Denkschrift der Evangelischen Kirche Deutschlands und einem Austausch zwischen polnischen und deutschen katholischen Bischöfen begann und 1970/72 mit einer Reihe von Verträgen und Abkommen besiegelt wurde.

Brandt wurde 1971 mit dem Friedensnobelpreis ausgezeichnet. Über seinen Kniefall in Warschau, mit dem sich zum ersten Mal ein hochrangiger deutscher Politiker in einem sichtbaren Akt der Reue vor den jüdischen Opfern verneigte, ist sogar eine Oper komponiert worden.[4] Dieser Akt fällt vollkommen heraus aus der Geschichte der Friedenssymbole als ein einsames, selbstbestimmtes und authentisches Zeichen, das jede politische Botschaft transzendiert. Mit seinem Kniefall hat Brandt zugleich den Aufstand im jüdischen Ghetto von 1943 im nationalen Gedächtnis der Deutschen verankert. Das führte allerdings dazu (was in Polen sehr genau wahrgenommen wurde), dass diese Erinnerung im deutschen Gedächtnis lange Zeit den Warschauer Aufstand von 1944 verdrängte, in dem die aus dem Untergrund wirkende polnische Heimatarmee in einem heroischen, aber aussichtslosen und verlustreichen Kampf gegen die deutsche Besatzung Widerstand geleistet hat.

Anders als der Kniefall von Willy Brandt, der als eine spontane Performanz ohne Skript ein ‹Fall› sui generis ist, waren die zahlreichen Auftritte von Bundespräsident Joachim Gauck an herausgehobenen Jahrestagen Teil einer konsequenten europäischen Friedenspolitik. In den 1990er Jahren hatten Staatsmänner aus aller Welt damit begonnen, sich vor der Weltöffentlichkeit für historische Vergehen und Verbrechen ihrer Länder zu entschuldigen. Gauck wählte einen anderen Weg. Er vollzog an entsprechenden Jahrestagen mit Vertretern der ehemaligen Opfer symbolische Akte der Entschuldigung und des Verzeihens in gemeinsamen Trauerritualen. Mit seiner rituellen Kompetenz als protestantischer Pfarrer hat er auf diese Weise die besondere historische Verantwortung Deutschlands für traumatische Erinnerungen unter den europäischen Nachbarn angenommen und in symbolträchtigen Begegnungen sinnlich verkörpert. Seine Auftritte an einschlägigen Orten und Jahrestagen wurden zu Stationen einer europäischen Versöhnungs- und Friedenspolitik, die er in Form eines dialogischen Erinnerns praktizierte. Die großen ikonischen Inszenierungen in Griechenland, Oradour und an der Westerplatte zum Zweiten Weltkrieg sowie am Hartmannsweilerkopf und in Lüttich zum Ersten Weltkrieg waren hoch emotionale Performances, die selbst schon wieder Geschichte machten, indem sie in ritualisierten Konstellationen eine Anerkennung der Opfer und die Reue der Täter ausdrückten und in gemeinsame

Trauer mündeten. Dabei spielte wie im Falle von Oradour gerade auch das persönliche Erfahrungsgedächtnis der Adressaten eine besondere Rolle. Bei diesen symbolischen Inszenierungen mit Überlebenden oder Stellvertretern der Betroffenen geht es letztlich um eine diplomatische Form der Therapie, bei der tiefsitzende Spannungen durch die Freisetzung aufgestauter Konflikte in gemeinsamer Trauer gelöst werden sollen. Dabei sind natürlich auch die politischen Rahmenbedingungen von großer atmosphärischer Bedeutung. So eindrucksvoll sich in diesem Zusammenhang das Trauerritual in Oradour gestaltete, so deutlich misslang die Annäherung in Griechenland, wo man im Kontext der Finanzkrise nicht geneigt war, eine historische Schuld zu vergeben, solange nicht die aktuellen finanziellen Schulden erlassen wurden.

In einem Interview hat sich der britische Historiker Timothy Garton Ash trotz Eurokrise und Bankenrettung optimistisch über die Geschichte und Zukunft Europas geäußert. «Europa ist doch eine einmalige Schöpfung. Nirgendwo hat es etwas Vergleichbares gegeben», sagte er und meinte damit den Umbau europäischer Nationen in Richtung Friedfertigkeit, wirtschaftlicher Kooperationsbereitschaft und transnationaler Solidarität.[5]

Ein Jahr zuvor, im Dezember 2012, war diese Entwicklung der EU mit dem Friedensnobelpreis ausgezeichnet worden. In der Begründung durch das Preiskomitee wurde an erster Stelle wieder die Bedeutung der Friedenssicherung hervorgehoben: «Das furchtbare Leiden im Zweiten Weltkrieg zeigte die Notwendigkeit eines neuen Europa. Über 70 Jahre hatten Deutschland und Frankreich drei Kriege ausgefochten. Heute ist Krieg zwischen Deutschland und Frankreich undenkbar. Das zeigt, wie historische Feinde durch gut ausgerichtete Anstrengungen und den Aufbau gegenseitigen Vertrauens enge Partner werden können.»[6]

Als ein weiteres Beispiel für innereuropäische Versöhnung ist die britische Königin Elizabeth II. zu nennen. Als sie Deutschland im Jahre 2004 besuchte, kam sie auch nach Dresden, wo sie in ihrer Rede versöhnliche Worte fand: «Berlin symbolisiert die bemerkenswerte Leistung der deutschen Wiedervereinigung. Aber meine Bewunderung ist nicht auf Berlin begrenzt. Der Wiederaufbau der Frauenkirche in Dresden ist eine Inspiration für uns alle.»[7] Mit diesen Worten bezog sie sich konkret auf eine englische Stiftung, die diesen Wiederaufbau unterstützt hatte, indem sie Spenden für die Weltkugel und das goldene Kreuz auf der Turmspitze gesammelt hatte. Acht Jahre später beendete sie eine andere europäische Gewaltgeschichte durch ein Versöhnungsritual mit den nordirischen Nachbarn. Im Juni 2012 entschuldigte sie sich bei den Opfern der imperialen britischen Politik in Belfast. Dort besiegelten sie und der frühere Anführer der katholischen Untergrundorganisation IRA, Martin McGuinness, bei einem historischen Treffen mit einem Händedruck symbolisch das Ende des jahrzehntelangen Nordirlandkonflikts.

Im neuen Jahrtausend wurde die EU nicht nur durch eine Reihe von Krisen erschüttert, sondern hat gegenwärtig noch ganz andere innere Zerreißproben zu bestehen. Tendenzen, die 2012 vom Nobelpreiskomitee bereits angesprochen wurden, haben sich inzwischen erheblich verstärkt. «Die EU erlebt derzeit ernste wirtschaftliche Schwierigkeiten und beachtliche soziale Unruhen. Das Norwegische Nobelkomitee wünscht den Blick auf das zu lenken, was es als wichtigste Errungenschaft der EU sieht: den erfolgreichen Kampf für Frieden und Versöhnung und für Demokratie sowie die Menschenrechte; die stabilisierende Rolle der EU bei der Verwandlung Europas von einem Kontinent der Kriege zu einem des Friedens.»

Der Preis für die EU war nicht nur als eine Anerkennung für das in der Geschichte Erreichte zu verstehen, sondern gerade auch als eine Mahnung, die eigenen Ziele und Errungenschaften in einer Zeit der Krise nicht zu vergessen, sie vielmehr wahrzunehmen als Orientierung für die Zukunft. Das erste Fallbeispiel zu diesem Kapitel bezieht sich auf das symbolische Datum des Endes des Zweiten Weltkriegs, das im Westen am 8. und im Osten am 9. Mai begangen wird. Während das historische Datum 1945 ursprünglich die Sieger von den Besiegten und die Befreiten von den ehemaligen Tätern getrennt hatte, wurde der 8. Mai in Westdeutschland von Bundespräsident Richard von Weizsäcker 1985 – noch vor der Wiedervereinigung – als ‹Tag der Befreiung› umgedeutet, und in Österreich wird er neuerdings als ‹Fest der Freude› gefeiert. Im zweiten Fallbeispiel geht es um die europäische Erinnerung an den Ersten Weltkrieg nach genau 100 Jahren. Dabei stellt sich die Frage nach der erreichten oder nicht erreichten Befriedung dieser einschneidenden Gewaltgeschichte. Der Vergleich zwischen England und Frankreich macht dabei die unterschiedlichen politischen Folgen einer strikt nationalen und einer bewusst transnationalen Form der Erinnerung deutlich.

2. Lehre: Die (Wieder-)Herstellung von Rechtsstaatlichkeit oder der Umbau von Diktaturen in Demokratien

Tatsächlich haben die meisten der 28 EU-Staaten Erfahrungen mit Diktaturen gemacht. Die Friedenssicherung war somit ohne die Wiederherstellung einer Rechtsordnung nicht möglich. Deshalb ist das Projekt des Umbaus von Diktaturen in Demokratien die zweite Lehre, die die Europäer aus der Geschichte gezogen haben. Diese beiden Lehren der Friedenssicherung und der Demokratisierung haben sich auch nach 1990 noch einmal bewährt. Während der Demokratisierungsschub nach dem Zweiten Weltkrieg die nationalsozialistische Gewaltherrschaft beendete, beendete er vier Jahrzehnte später nach dem Kalten Krieg und dem Zerfall der Sowjetunion die sozialistischen Diktaturen und machte damit den Weg zur Erweiterung der EU frei.

Auf einer Weltkarte der Bundeszentrale für politische Bildung sind drei verschiedene Staatsformen eingezeichnet: ‹freie Demokratien› (47 Prozent), ‹eingeschränkt freie Demokratien› (5 Prozent) und ‹keine parlamentarischen Staaten› (40 Prozent). Nach dieser Statistik der NGO ‹Freedom House› ist die Tendenz zur Demokratisierung seit 2005 leicht rückläufig (von 64 auf 60 Prozent). In Europa erleben wir soeben einen merklichen Wandel von ‹freien› zu ‹eingeschränkt freien Demokratien›. Unter diesen sind gerade solche vertreten, die ihren Umwandlungsprozess noch gar nicht so lange hinter sich haben. Da gegenwärtig in einigen europäischen Staaten dieser Wandel Schritt für Schritt wieder rückgängig gemacht wird, ist es wichtig, mehr über den Beginn dieses Demokratisierungsprozesses zu wissen.

Nach 1945 wurde in einigen Ländern Europas die Demo-kratie ‹wiederhergestellt›, weil sie dort bereits nach dem Ende des Ersten Weltkriegs eingeführt worden war. Aus den konstitutionellen Monarchien des preußischen Kaiserreichs und des Habsburgerreichs zum Beispiel entstanden 1918 neue Republiken mit einer parlamentarischen Verfassung. Diese demokratischen Verfassungen wurden nicht wie in Frankreich, Großbritannien oder den USA durch Kampf und Sieg errungen, sondern waren ein Geschenk der Nieder-lage. Die Ausrufung der Republik und der Volkssouveränität schaffte neue Institutionen und brachte neue politische Ak-teure auf die Bühne der Geschichte, aber sie leitete noch keine dauerhafte Veränderung ein. Auf die neuen Republi-ken folgten in den 1930er Jahren Diktaturen, die unmittelbar in den Zweiten Weltkrieg führten. Dieser Blick zurück auf den Beginn des 20. Jahrhunderts zeigt, dass Demokratisie-rung als Aufgabe einer sozialen, politischen und kulturellen Neugestaltung niemals abgeschlossen ist und immer wieder neu erworben, verteidigt und weitergeführt werden muss.

Als ein emphatisches Beispiel für das Lernen aus der Ge-schichte sind hier an erster Stelle die Nürnberger Prozesse anzuführen. Es war tatsächlich das erste Mal in der Ge-schichte, dass die Sieger den Besiegten eines Staates den Pro-zess machten. Dieser Prozess wurde zum Vorbild für den 1998 gegründeten Internationalen Strafgerichtshof in Den Haag, der seit 2002 Fälle behandelt, in denen eine nationale Strafverfolgung nicht möglich oder staatlich nicht gewollt ist.[1] Der amerikanische Chefankläger Robert H. Jackson hat am 21. November 1945 in seiner Rede zur Eröffnung der Nürnberger Prozesse diese Neuerung deutlich betont: «Dass vier große Nationen nicht Rache üben, sondern ihre gefan-genen Feinde freiwillig dem Richterspruch des Gesetzes übergeben, ist eines der bedeutsamsten Zugeständnisse, das die Macht jemals der Vernunft eingeräumt hat.» Der Grund für diese Neuerung war für Jackson die Bedrohung nicht der angegriffenen Nationen, sondern der Zivilisation selbst. «Die Untaten, die wir zu verurteilen und zu bestrafen suchen, waren so ausgeklügelt, so böse und von so verheerender Wirkung, dass die menschliche Zivilisation es nicht dulden kann, sie unbeachtet zu lassen, denn sie würde eine Wiederholung solchen Unheils nicht überleben.»[2]

Die Antwort der Nürnberger Prozesse auf den Zweiten Weltkrieg und das Jahrhundert der Gewalt war die Verlagerung der Rechtsprinzipien von einer nationalen auf eine universalistische Ebene. Zu den neuen Rechtskategorien, die damals in den internationalen juristischen Fundus eingegangen sind, gehören:

— Verbrechen gegen den Frieden (Angriffskriege);
— Kriegsverbrechen (gegen Kriegsgefangene und Zivilisten);
— Verbrechen gegen die Menschlichkeit (rassistische Gewalt gegen Juden und andere Minderheiten).

Von nun an waren auch solche Taten strafbar, die innerhalb des Regimes, in dem sie begangen wurden, nicht unter Strafe standen. Mit diesen Prozessen wurde das Recht selbst moralisch geeicht, auf eine neue Stufe gehoben und als internationaler Standard befestigt. Der Nationalstaat war damit nicht mehr die Letztinstanz für die Definition von Gut und Böse; von nun an mussten sich alle Nationen gegenüber diesen höheren Normen verantworten.

Der Zweite Weltkrieg wurde von Deutschland von Anfang an als ein Eroberungs- und Vernichtungskrieg geführt, in dem drei verschiedene Formen von Gewalt ausgeübt wurden:[3]

— Gewalt gegen ‹Feinde› – das war der Krieg im Westen;
— Gewalt gegen ‹Untermenschen› – das war der rassis-
tisch motivierte Krieg im Osten gegen ‹slawische
Untermenschen› im Rahmen eines entfesselten
Sozialdarwinismus;
— Gewalt gegen ‹Nichtmenschen› – das waren die Juden
als Phantasma des inneren Feindes, denen (ebenso wie
den Sinti und Roma) der Status des gemeinsamen
Menschseins abgesprochen wurde.[4]

Die Antwort auf den Holocaust war vor allem die neue
Rechtsnorm der ‹Verbrechen gegen die Menschlichkeit›, die
nach den Nürnberger Prozessen sehr bald durch zwei transnationale Grundsatzerklärungen untermauert wurde. Die
eine war die 1948 unterzeichnete ‹Erklärung der Menschenrechte›, die mit dem Satz: «Die Würde des Menschen ist
unantastbar», in die Präambel der deutschen Verfassung
eingegangen ist. Die andere war die im selben Jahr 1948 der
Menschenrechtserklärung hinzugefügte Genozid-Konvention von Raphael Lemkin, die 1951 in Kraft trat. All das waren konkrete Antworten auf die Einsicht, dass hier kein nor-
maler Krieg zu Ende gebracht worden war. Nach einem
Krieg stehen sich Sieger und Verlierer gegenüber, die das
Ende der Kampfhandlungen in einem Vertrag besiegeln.
Nach einem Genozid gibt es keinen abschließenden Vertrag,
sondern ein anhaltendes Trauma, an dem drei Gruppen beteiligt sind: Täter, Opfer und Zuschauer. Von besonderer Bedeutung sind dabei gerade auch die Zuschauer, weil sie nicht
verfolgt wurden und daher selbst als eine moralische Instanz
entscheiden konnten, ob sie zu Komplizen der Täter oder zu
Zeugen der Opfer werden wollten.

In Deutschland ist die Umwandlung von einer Diktatur

in eine Demokratie nach 1945 durch starken Außendruck entstanden. Eine solche Änderung des politischen Systems kann aber auch durch einen Regierungswechsel, eine friedliche Revolution oder durch eine innere Entscheidung angestoßen werden. Ohne die Markierung eines Bruchs kann ein wirklicher Wandel jedoch nicht vollzogen werden. Die klare Form des Bruchs besteht darin, dass die amtierende Regierung das vorhergehende Regime als Unrechtsregime moralisch verwirft und eine justizielle Verfolgung der Haupttäter einleitet. Wenn diese Wende von oben ausbleibt, können in einer Zivilgesellschaft künstlerische Werke wie Literatur und Film eine moralische und emotionale Auseinandersetzung mit Fragen der Schuld und der historischen Verantwortung anstoßen. Wo es dagegen einen Pakt des Schweigens oder eine ungebrochene Kontinuität der Funktionseliten gibt, werden zwar die Kulissen verschoben, aber eine bewusste Auseinandersetzung mit dem früheren Unrechtsregime ist nicht möglich. Wenn die Machthaber des früheren Regimes am Ruder bleiben und ihren Einfluss weiter geltend machen können, kann sich kein wirklicher Bruch vollziehen. Ohne einen politischen und gesellschaftlichen Konsens über den Bruch und ein historisches Bewusstsein von der eigenen Geschichte fehlt auch eine klare normative Orientierung für die Zukunft, die in Form eines ‹Nie wieder!› den Rückfall in frühere Verhältnisse und die Rehabilitation ehemaliger Täter explizit ausschließt. Der Bruch zwischen Diktatur und Demokratie schafft dabei eine Stunde Null mit einer ambivalenten Bedeutung: Es soll die Chance von etwas Neuem, nämlich einer gemeinsamen Zukunft, entstehen, aber in diese neue Zukunft kann man nicht ohne eine Rückwendung zur Vorgeschichte eintreten, die zunächst durchleuchtet, aufgeklärt und verurteilt werden muss.

Die Umwandlung von Diktaturen in Demokratien ist eine komplexe und anspruchsvolle Aufgabe, für die es keine einfachen Lösungen gibt. Eine Staatsform lässt sich austauschen, ein Staatsvolk dagegen nicht. Dabei braucht eine Demokratie für ihr Bestehen eben auch Demokraten und nicht bildungsunwillige Untertanen oder korrupte Eliten. Während die Umwandlung eines politischen Regimes in kurzer Frist stattfindet, erfordert die Umwandlung der Gesellschaft Rahmenbedingungen, die mehrere Generationen in Anspruch nehmen können.

Der komplexe Wandel von Diktaturen in Demokratien muss sich auf drei Ebenen vollziehen: 1. auf der politischen Ebene der rechtsstaatlichen Verfassung, 2. auf der justiziellen Ebene der Erneuerung des Staates durch eine Übergangsjustiz *(transitional justice)* und 3. auf der gesellschaftlichen und kulturellen Ebene durch die Erziehung der Bürger zu mündigen und kritischen Demokraten. Für die Ermöglichung dieses Wandels gibt es keine Patentlösungen, aber neue Instrumente, die in der Praxis immer wieder angepasst und weiterentwickelt werden. Die Instrumente, die den Übergang (die Transition) von Diktaturen in Demokratien abstützen, bestehen aus drei Komponenten:

– juristischen Verfahren: Beweissicherung, Gerichtsverfahren, Verurteilung;
– historischer Aufklärung: Aufarbeitung der Vergangenheit mithilfe von Archiven und Zeugenbefragung;
– gesellschaftlicher Reparatur: Anerkennung und Rehabilitation der Opfer, Angeboten der Restitution und der Versöhnung auf der Basis einer gemeinsamen Erinnerung an die Gewaltgeschichte.

In der Praxis wurden nicht immer alle drei Komponenten miteinander verknüpft. Während in Argentinien die Verantwortlichen der Militärdiktatur vor Gericht gestellt und verurteilt wurden, ging man in Südafrika einen anderen Weg. In den Wahrheits- und Versöhnungskommissionen zum Beispiel, in denen von 1996 bis 1998 unter dem Vorsitz von Erzbischof Desmond Tutu eine Mischung aus Tribunal, kathartischem Drama und christlichem Beichtritual vollzogen wurde, lag der Schwerpunkt auf Wahrheit und sozialer Reparatur, während die Komponente Gerechtigkeit eingeklammert bzw. eingeschränkt wurde. In Ruanda wiederum wurde eine Strafverfolgung betrieben, die jedoch zeitlich begrenzt war.

Die Verfahren des Transitionsprozesses, durch den sich Diktaturen und autokratische Staaten mit der Forderung nach Wahrheit und Gerechtigkeit in Demokratien verwandeln, sind eine historische Innovation. Wie Christine Hess erläutert, wurden sie für massenhafte Opfer von Staatsterror und ‹Makrokriminalität› wie Massakern, Genoziden und anderen schweren Menschenrechtsverletzungen entwickelt, die im herkömmlichen Strafrechtssystem, das auf Individuen ausgerichtet ist, bislang marginalisiert waren und nicht angemessen erfasst werden konnten. Für eine verbesserte Rechtspraxis gegenüber Regimeunrecht und seinen Opfern mussten deshalb neue Instrumente der juristischen Verfolgung und Aburteilung erfunden werden. Während das moderne Strafrechtssystem einseitig auf die Täter ausgerichtet ist, gelten diese juristischen Neuerungen einer «Verbesserung der Position der Opfer sowohl in rechtlicher als auch in praktischer Hinsicht».[5]

Paweł Machcewicz, der ehemalige Direktor des Danziger Museums des Zweiten Weltkriegs, hält das Bild, das gemeinhin von Demokratisierungsprozessen mit dem Mittel der Übergangsjustiz gezeichnet wird, für zu idealistisch. Er, der gerade selbst den Demokratieabbau in Polen zu spüren bekommen hat, weiß, was unter der Formel ‹eingeschränkt freie Demokratien› zu verstehen ist. In einem Vortrag am Wissenschaftskolleg zu Berlin hat er seine Analyse von ‹Übergangsjustiz› vorgestellt, die weniger auf die Opfer als auf die Täter gerichtet ist. Er ersetzte dabei den Begriff ‹transitional justice› durch den der ‹retributiven Justiz›, worunter er «Strafprozesse gegen die Führer gefallener Regime und gegen die Täter politisch oder ideologisch motivierter Verbrechen» versteht. Er gibt zu bedenken, dass die für eine Demokratisierung notwendige «Abrechnung mit dem Erbe von Verbrechen und Verfehlungen, das gestürzte Regime und ihre Täter hinterlassen haben», grundsätzlich prekär und meist sehr unvollkommen ist, weil sie politisch instrumentalisiert wird und vielfältige Verzerrungen der historischen Wahrheit einschließt.[6]

Deutschland spielt beim Thema ‹Demokratisierung› eine besondere Rolle in der Geschichte der EU, weil hier die Lehre aus der Geschichte gleich zweimal zu lernen war, 1945 im Ausstieg aus der faschistischen Hitler-Diktatur und 1989 im Ausstieg aus der kommunistischen SED-Diktatur. Ein Vergleich der beiden Transitionsprozesse bietet sich schon deshalb an, weil in Deutschland die Aufarbeitung der zweiten Diktatur vor dem Hintergrund des Umgangs mit der ersten stattfand. Norbert Frei kommentierte: «Was nach dem Ende der ‹ersten Diktatur› irreparabel falsch gelaufen war, namentlich bei der strafrechtlichen Ahndung von NS-Verbrechen, das sollte sich bei der ‹zweiten Diktaturbewältigung› nicht noch einmal wiederholen.»[7] Dieser historische Vergleich zwischen der Beendigung der NS-Diktatur und dem Ende der SED-Diktatur wird im zweiten Teil dieses Buches in unterschiedlichen Facetten ausgeleuchtet. Das zweite Fallbeispiel dort bezieht sich auf Spanien, wo 1977 nach dem Ende der Franco-Diktatur auf friedlichem Wege eine Demokratie eingeführt wurde. Die Einführung des Rechtsstaats vollzog sich dort weder durch Verfahren einer Übergangsjustiz noch durch soziale Versöhnungsrituale, sondern nach einem anderen Modell: Der Wandel wurde durch einen ‹Pakt des Schweigens› eingeleitet.

3. Lehre: Historische Wahrheit und der Aufbau einer deutschen Erinnerungskultur

Der Begriff ‹Erinnerungskultur› hat sich seit den 1990er Jahren in wissenschaftlichen Diskursen, in den Ansprachen von Politikern, aber auch in den Medien und in der Alltagssprache immer mehr durchgesetzt. Wir stoßen regelmäßig darauf, von der Sonntagsrede bis zum *Spiegel*-Titel, sodass wir uns schon nicht mehr darüber im Klaren sind, dass es sich dabei um eine neue Wortschöpfung handelt. Neu ist in diesem Fall aber nicht nur das Wort, sondern auch die Sache selbst. Warum kam diese Antwort auf das Jahrhundertverbrechen des Holocaust erst so spät? Warum gab es nach dem Zweiten Weltkrieg zunächst keine ‹Erinnerungskultur›? Warum galt lange Zeit das Schweigen als die bessere Option?

Diese Frage kann man auch umdrehen und grundsätzlich fragen: Warum erinnern? Ist nach einer traumatischen Gewaltgeschichte überhaupt Erinnern oder nicht vielleicht eher Vergessen die bessere Option? Jan Philipp Reemtsma hat sich zum Beispiel emphatisch gegen den Konsens ausgesprochen, dass Erinnern eo ipso etwas Gutes sei: «Erinnert muss werden, erinnern hat eine imperativische Semantik. Doch was soll am Erinnern positiv sein? Erinnern wie Vergessen sind menschliche Eigenschaften, die weder gut noch schlecht sind, sondern beide dazu gehören, das Leben zu bewältigen.»[1]

Dieser These ist unbedingt zuzustimmen. Erinnerung ist nicht per se etwas Gutes. Es gibt Beispiele, die zeigen, dass Erinnern auch Hass schüren kann, Ressentiments am Leben erhält, die Zukunft verstellt oder in die Depression führt. Solch ein negatives Bild von Erinnern hatte zum Beispiel Churchill, als er im Jahr 1946 an der Universität Zürich eine Rede an die Jugend hielt. Darin setzte er ausdrücklich auf Vergessen: «Wir alle müssen den Gräueln der Vergangenheit den Rücken zuwenden. Wir müssen in die Zukunft schauen. Wir können es uns nicht leisten, in die kommenden Jahre den Hass und die Rache hineinzuziehen, die aus den Wunden der Vergangenheit entstanden sind. Wenn Europa vor endlosem Unheil und endgültigem Untergang gerettet werden soll, müssen wir es auf einen Akt des Glaubens an die europäische Familie und einen Akt des Vergessens aller Verbrechen und Irrtümer der Vergangenheit gründen.»[2]

Friedenssicherung und Zukunftsorientierung durch Vergessen

Mit seinem Plädoyer fürs Vergessen hat Churchill eine wichtige Lehre aus der Geschichte gezogen. Er wusste sehr wohl, dass es 1918, nach dem Ende des Ersten Weltkriegs, die symbolische Erniedrigung Deutschlands in einem Strafgericht gegeben hatte, das bereits auf eine entsprechende Erniedrigung Frankreichs durch die Deutschen nach dem Ende des deutsch-französischen Krieges von 1870/71 Bezug nahm. Mit dem Vertrag von Versailles war es nicht gelungen, einen dauerhaften Frieden zu sichern, man hatte vielmehr das genaue Gegenteil erreicht, nämlich tiefe Ressentiments erzeugt. Churchill wusste nur zu gut, dass die Deutschen ihre Niederlage und die Riten der Beendigung des Krieges nicht vergessen, sondern den Ehrverlust der «Schmach von Versailles» zum Medium politischer Mobilisierung gemacht hatten. Während andere Nationen aus den zermürbenden Stellungskriegen des Ersten Weltkriegs trotz ihres Sieges demoralisiert und demotiviert hervorgingen, hat diese revanchistische Energie die Deutschen geradenwegs in Hitlers Arme und in den Zweiten Weltkrieg getrieben.

Churchill musste das Erinnern für gefährlich halten, weil er selbst erfahren hatte, dass es Gefühle von Hass und Rache mobilisierte. Deshalb war es nur konsequent, dass er sich für ein gemeinsames Vergessen einsetzte. Dieses Vergessen wurde damals allerdings nicht mit ‹Verdrängen›, sondern mit ‹Befreiung› gleichgesetzt. Es war positiv konnotiert, weil es eine tiefgreifende Erneuerung einleiten und den Weg in eine gemeinsame Zukunft eröffnen sollte. Von der Zukunft erhoffte man sich damals ausschließlich positive Dinge wie Entwicklung, Wachstum oder Fortschritt. Diese zentrale Wertprämisse der Modernisierungskultur war nach 1945 übrigens in West- und Osteuropa gleichermaßen Konsens.[3] Churchill hatte also aus der Geschichte gelernt. Die Deutschen hatten die «Schmach von Versailles» nicht vergessen, sondern sich geradezu frenetisch daran erinnert, und dies hatte sie direkt in den Zweiten Weltkrieg geführt. Deshalb musste die Lehre aus der Geschichte zunächst lauten: Erinnern ist gefährlich und muss unterbunden werden, Vergessen dagegen ist ein Heilmittel, das Hass und Rache auflösen und eine neue Zukunft eröffnen kann.

In seinem 2010 erschienenen Buch über das «Gebot zu vergessen» hat der Althistoriker Christian Meier daran erinnert, dass das Vergessen eine kostbare politische Ressource ist, die nach Kriegen und zumal nach Bürgerkriegen die ehemaligen Feinde wieder zusammenführen und einen sozialen Frieden begründen kann.[4] Wenn, wie auch Churchill überzeugt war, Erinnern Hass und Rache in Gang hält, kann Vergessen die Konfliktparteien zur Ruhe bringen und die überlebenswichtige Phase der gesellschaftlichen Reintegration einleiten. Natürlich kann ein Staat auf die persönlichen Erinnerungen seiner Bürger keinen direkten Einfluss nehmen; er kann aber sehr wohl bei Strafe verbieten, im öffentlichen Diskurs an alte Wunden zu rühren, um mit dem Wiederauflebenlassen von altem Schmerz und Hass neue Ressentiments und Aggressionen zu schüren. Diese Befriedungspraxis wurde, wie Meier ausführlich belegt, nach dem athenischen Bürgerkrieg erfolgreich in der Polis verordnet. Dort wurde für diese Norm des Vergessens sogar ein neues Wort gebildet. «Mnēsikakein» heißt wörtlich «das Schlimme erinnern» und entspricht in der athenischen Rechtssprache einem Erinnerungsverbot-als-Kommunikationsverbot und damit einem Akt der öffentlichen Zensur im Namen des Gemeinwohls.

Diese Befriedungspraxis durch gemeinsames Vergessen galt auch nach dem Dreißigjährigen Krieg. Im Friedensvertrag von Münster-Osnabrück von 1648 lautete die entscheidende Formel: «perpetua oblivio et amnestia». Die Devise «Vergessen und Vergeben» hat in der Geschichte nach Bürgerkriegen wiederholt eine schnelle politische und soziale Integration befördert; durch massenhafte Amnestien wurde der Konfliktstoff zwischen den ehemaligen Fronten neutralisiert. Mit seinen Beispielen aus der griechischen, römischen und neueren europäischen Geschichte untermauert Meier seine These, dass politische Gemeinwesen nach Gewaltexzessen und Bürgerkriegen durch das Heilmittel des Vergessens repariert und die Konfliktparteien wieder miteinander ausgesöhnt werden können. Die entscheidende Voraussetzung dafür ist allerdings, dass es sich um symmetrische Kriege handelt, wo sich zwei bewaffnete Gruppen gleichgewichtig gegenüberstehen. Bei allen Formen einseitiger Gewalt wie Genoziden oder Massakern gegenüber der Zivilbevölkerung ist das Vergessen kein Heilmittel mehr, sondern die Fortsetzung der traumatischen Gewalt mit anderen Mitteln.[5]

Dennoch wurde das Heilmittel des Vergessens nach dem Zweiten Weltkrieg noch einmal eingesetzt, um die westdeutsche Gesellschaft wiederaufzubauen und den europäischen Frieden zu konsolidieren. Nach der deutschen Kapitulation gab es eine politische, rechtliche und symbolische Beendigung des NS-Staats durch die Alliierten mit einer kurzen Phase der Strafverfolgung prominenter NS-Täter durch die Nürnberger Prozesse. Auf diese Weise stellten die Alliierten den Rechtsstaat wieder her, doch handelte es sich dabei eher um einen Akt der Entsorgung von Schuld und des bereinigenden Vergessens als um eine wirkliche Aufarbeitung der Verbrechen des Regimes. Was den Alliierten recht war, war den Deutschen billig. Der große Teil der NS-Funktionäre wurde rehabilitiert, es gab keinen wirklichen Willen zur Identifizierung der Täter und ihrer Strafverfolgung. Hermann Lübbe prägte für diese Praxis in der westdeutschen Nachkriegsgesellschaft nachträglich den Terminus des ‹kommunikativen Beschweigens›. Dieses Schweigen bewertete er positiv; es habe als eine Art Schutzzone oder Kokon funktioniert, innerhalb dessen sich die Verwandlung der NS-Gesellschaft in eine moderne westliche Demokratie vollziehen konnte. Im geschützten Klima der Nicht-Thematisierung der braunen deutschen Biographien habe sich die Demokratisierung der Bürger sehr viel schneller und effektiver vollziehen können als in einer Atmosphäre gegenseitiger Verdächtigungen, Denunziationen und Anklagen. Hermann Lübbe sah darin sogar eine Notwendigkeit des Demokratisierungsprozesses: «Diese gewisse Stille war das sozialpsychologisch und politisch nötige Medium der Verwandlung unserer Nachkriegsbevölkerung in die Bürgergesellschaft der Bundesrepublik Deutschland.»[6]

Keine Frage, dass es damals gewichtige Gegenstimmen gab, die diese selbstzufriedene Ruhe störten. Wie eine Alternative zum Vergessen aussehen kann, hat Hannah Arendt bereits fünf Jahre nach Churchills Rede aufgezeigt und mit einem Plädoyer für historische Wahrheit und eine Aufarbeitung historischer Verbrechen verbunden. Im Vorwort zur englischen Ausgabe ihres Buches über *Die Ursprünge totalitärer Herrschaft* schrieb sie einige Sätze, die die Prinzipien der neuen Erinnerungskultur um ein halbes Jahrhundert vorwegnahmen: «Wir können es uns nicht länger leisten, das, was in der Vergangenheit gut war, zu übernehmen und einfach als unser Erbe zu bezeichnen, das Böse dagegen zu verwerfen und bloß als eine tote Last zu begreifen, die die Zeit selbst im Vergessen begraben wird.»[7] Arendt war überzeugt, dass sich die traumatische Vergangenheit des Jahrhunderts der Gewalt nicht mehr, wie gehabt, von selbst auflösen, sondern dass diese noch viel retrospektive Aufmerksamkeit erfordern würde: Wir müssen «die Last, die unser Jahrhundert uns auferlegt hat», bewusst tragen und verstehen. Ihr Lehrer Karl Jaspers hatte sich anlässlich der Verleihung des Friedenspreises des Deutschen Buchhandels 1958 ähnlich geäußert: «Bloße Naturwesen vergessen und fangen von vorn an.

Wir aber sind Menschen und werden nimmermehr wahrhaf-
tig, wenn wir nicht vor Augen haben, was getan wurde.»[8]

Gewaltgeschichte, Recht und Zeugenschaft

Während sich die ehemaligen Täter und Mitläufer im
Schutze des Vergessens bestens arrangierten, war das Milieu
des ‹kommunikativen Beschweigens› für die Opfer bedrü-
ckend. Ihre Perspektive, die in den 1960er Jahren durch jüdische Remigranten wie Fritz Bauer oder den Holocaust-Überlebenden Jean Améry öffentlich artikuliert wurde, aber
vorerst wenig Resonanz fand, kehrte erst in den 1980er und
1990er Jahren in die deutsche Gesellschaft zurück. Das hatte
nicht nur etwas mit wiederkehrenden Gedenktagen, sondern
auch mit neuen Begriffen und dem Alter der Überlebenden
zu tun. Annette Wieviorka hat die 1990er Jahre als ‹das Jahrzehnt der Zeugen› bezeichnet. Begriffe wie ‹Trauma› oder
‹Zeugenschaft› standen für die Opfer nach 1945 noch nicht
zur Verfügung. In einem Punkt nämlich waren die Nürnberger Prozesse nicht innovativ, und das war der Umgang mit
den Holocaust-Opfern. Diesen fiel damals die traditionelle
Rolle der Gerichtszeugen zu, die zusammen mit den ver-
nommenen Tätern und anderem Beweismaterial (darunter
einem Film) nur eine Aufgabe hatten, und die bestand darin,
die Verbrechen zu dokumentieren. In den Nürnberger Prozessen spielte das Thema ‹Ermordung der europäischen Juden› noch keine zentrale Rolle. Deshalb waren die Opfer
Zeugen unter anderen.

Knapp zwei Jahrzehnte später drehte sich die Situation
1961 im Eichmann-Prozess in Jerusalem um. Jetzt gab es nur
noch einen Täter und umso mehr Zeugen, die zum ersten
Mal ihre Leidensgeschichte öffentlich erzählen durften. Sie

sprachen zugleich in einer globalen Arena, weil der Prozess weltweit im Fernsehen übertragen wurde. Die historisch neue Figur des ‹Opfer-Zeugen› spielte auch in den Frankfurter Auschwitzprozessen (1963–1965) eine wichtige Rolle. In dem vom Generalbundesanwalt Fritz Bauer organisierten größten NS-Prozess der bundesdeutschen Justizgeschichte wurden 211 Auschwitz-Überlebende aus 18 Ländern als Zeugen geladen. Erst im Rückblick ist es möglich, die historische Bedeutung dieses Prozesses auch kulturgeschichtlich und erinnerungspolitisch zu würdigen: «In der Hochphase des Kalten Kriegs repräsentierten die Opferzeugen eine internationale grenzüberschreitende Gruppe, die als geschichtspolitische Akteure eine erste Form transnationaler Zeugenschaft praktizierten.»[9]

Es besteht offensichtlich ein enger Zusammenhang zwischen Gewaltgeschichte, Recht und Zeugenschaft. In Jerusalem und Frankfurt hatte der wirkmächtige Auftritt von Überlebenden eine hohe symbolische Bedeutung. Der Begriff ‹Zeuge› nahm dabei Konnotationen an, die weit über die juristische Rolle im Prozess hinausgingen. Diese Zeugen wurden zu Grundpfeilern einer Erinnerungskultur, die allerdings erst zwei Jahrzehnte später und fast ein halbes Jahrhundert nach Kriegsende durch entsprechende Begriffe, Diskurse und Institutionen geschaffen und abgestützt wurde. Die Begriffe ‹Zeuge› und ‹Zeugenschaft› haben dabei den Gerichtssaal verlassen; sie beziehen sich heute auch auf die Stimmen überlebender Opfer des Holocaust sowie anderer Genozide und Verbrechen gegen die Menschlichkeit, die in den letzten Jahrzehnten des 20. Jahrhunderts ins allgemeine Bewusstsein getreten sind. Während Zeugenbefragungen im Gericht die Funktion haben, juristisch verwertbare Antworten zu produzieren, und damit ausschließlich der Urteilsfin-

dung dienen, stellen die persönlichen Erzählungen der überlebenden Opfer deren Aussage in einen viel größeren
Rahmen und bezeugen historische Menschheitsverbrechen
gerade auch dort, wo keine Historiker sie dokumentierten,
weil sie zu dem Zeitpunkt, als sie sich ereigneten, noch gar
nicht als ‹Ereignis›, geschweige denn als Verbrechen eingestuft wurden.

Die Rückkehr der Erinnerung

Die Rückkehr der Erinnerung an den Holocaust in die Mitte
der westdeutschen Gesellschaft begann im Jahr 1979 mit der
Ausstrahlung der vierteiligen amerikanischen TV-Serie *Holocaust*. Rund 15 Millionen Zuschauer verfolgten die Geschichte der Familie Weiss mit angehaltenem Atem. Auf diesen emotionalen Durchbruch, der in der Bevölkerung alle
Generationen erreichte und Empathie-Blockaden löste, folgten in den 1980er Jahren weitere Einbrüche in die Politik des
Schweigens. Dabei spielten gerade auch die Jahres- und Gedenktage eine wichtige Rolle, die die Auseinandersetzung
mit der Geschichte auf die öffentliche Agenda setzten. Vier
Jahre vor der Wiedervereinigung wurde 1985 zu einem
Schlüsseljahr der Wende vom Vergessen zum Erinnern. Helmut Kohls Symbolpolitik des Schlussstrichs stieß spätestens
am 5. Mai 1985 in Bitburg an eine harte Grenze, als er mit
Ronald Reagan auf einem Soldatenfriedhof, der auch Gräber
von SS-Angehörigen beherbergte, noch einmal rituell Vergeben und Vergessen praktizieren wollte.[10] Als Protest gegen
Bitburg fanden umgehend die ‹wilden Grabungen› auf dem
Gelände der Gestapo-Zentrale in West-Berlin statt, wo heute
die Gedenkstätte der ‹Topographie des Terrors› zu besichtigen ist. Die jungen Leute, die hier mit Spaten und Hacke

ans Werk gingen, wollten zeigen, dass die Auseinandersetzung mit dieser Geschichte noch keineswegs abgeschlossen
und abgehakt war.

Drei Tage nach dem Skandal von Bitburg folgte die Rede
von Bundespräsident Richard von Weizsäcker zum 40. Jahrestag des Kriegsendes, in der er dieses Ereignis nicht mehr
als Niederlage, sondern als Befreiung bewertete und damit
den Anschluss an ein europäisches Gedenken ermöglichte.
Ein Jahr später begann der ‹Historikerstreit›, in dem Intellektuelle darüber stritten, welche Bedeutung der Holocaust
in der zukünftigen Geschichtsschreibung haben sollte.
Unter dem Stichwort einer «Vergangenheit, die nicht vergeht», debattierten damals Historiker über die Geschichte
der NS-Zeit. Im Mittelpunkt stand dabei die Frage, ob dieses Ereignis der deutschen Geschichte nicht – wie andere Ereignisse auch – allmählich ins historische Archiv überführt
werden sollte. Die Debatte, die von einigen Historikern als
ein Impuls zur Historisierung gedacht war, entwickelte sich
zum genauen Gegenteil: Sie führte zu einer aktiven Rückholung jener traumatischen Vergangenheit. Da die Zeit die
Wunden extremer Gewalt nicht heilt, produziert traumatische Gewalt in der Perspektive der Opfer tatsächlich eine
«Vergangenheit, die nicht vergeht» und die auch nach Jahrzehnten noch der Nachbearbeitung bedarf. Statt diese Vergangenheit der Erosion durch die Zeit zu überlassen oder sie
als erkaltete Information ins historische Archiv zu verab-
schieden, ist das Trauma des Holocaust inzwischen zu einer
normativen Vergangenheit geworden, «die nicht mehr vergehen soll».

Alle diese Zeichen signalisierten in Bezug auf die Altlast
der NS-Zeit eine klare kulturelle Umorientierung vom Vergessen zum Erinnern. Nach der Wende ersetzte das Wort

‹Erinnerungskultur› dann die älteren Leitbegriffe der 1950er und 1960er Jahre wie ‹Schlussstrich›, ‹Vergangenheitsbewältigung› und ‹Wiedergutmachung›, die in der Bundesrepublik eine Politik des (Sich-selbst-Vergebens und) Vergessens begleitet hatten.[11] Diese Leitbegriffe hatten die Haltung einer Generation charakterisiert, die davon überzeugt war, mit der breiten gesellschaftlichen Reintegration von Alt-Nazis die Modernisierung der Gesellschaft vorantreiben und mit dem Bezahlen von Wiedergutmachung in absehbarer Zeit die historische Schuld abtragen zu können. Diese Prämissen wurden von der nachfolgenden 68er-Generation nicht mehr geteilt; sie wuchs in das Klima einer sich auch international ausbreitenden Erinnerungskultur hinein und trug dazu bei, sie konsequent in der eigenen Gesellschaft umzusetzen.[12]

Was ist neu an der neuen Erinnerungskultur? Fünf Punkte

Die neue Erinnerungskultur ist eine historisch vollkommen neue Erfindung. Es gibt für sie weder historische Vorläufer noch Traditionen, an die sie sich anlehnen könnte. Das hängt mit der Ausnahmesituation zusammen, aus der sie hervorgegangen ist: dem Holocaust als einem präzedenzlosen Menschheitsverbrechen. Ich möchte sie im Folgenden anhand von fünf Merkmalen charakterisieren:

1. Sie hat es mit schwerwiegenden Verbrechen in der eigenen Geschichte zu tun.

Diese Verbrechen werden heute rückwirkend an einem rechtlichen Maßstab gemessen, der erst nach dem Zweiten Weltkrieg festgelegt wurde. Aus dem Zweiten Weltkrieg und dem Holocaust sind als Lehren der Geschichte Kategorien wie ‹Verbrechen gegen die Menschlichkeit›, die Menschenrechte und die Genozid-Konvention hervorgegangen, die allerdings erst nach 1990 auch politisch umgesetzt wurden. 1939 konnte Hitler noch prahlen: «Wer spricht heute noch von den Armeniern?» Er hatte erlebt, dass der Genozid an den Armeniern von 1915 vergessen und geleugnet worden war, und wusste sich darum beim Genozid an den Juden vor Strafe und globaler Ächtung geschützt. Heute sprechen wir noch von den Juden, aber nicht nur von ihnen, sondern auch von den Sklaven, von den Kolonisierten und von den indigenen Ureinwohnern, an denen bis in die Gegenwart hinein Verfolgungen, Massaker und Repressionen verübt wurden und werden. Wir haben inzwischen einen transnationalen moralischen Maßstab und einen Internationalen Gerichtshof in Den Haag, der Recht und Unrecht jenseits dessen bewertet, was von einzelnen Regierungen festgelegt wird.

2. Die neue Erinnerungskultur ist selbstkritisch.

Der Historiker Johan Huizinga hat Geschichte einmal definiert als «die geistige Form, in der eine Gesellschaft sich Rechenschaft von ihrer Vergangenheit ablegt».[13] Damit hat er den zweiten Grundsatz der neuen Erinnerungskultur klar formuliert. Es geht hier um die Auseinandersetzung mit den negativen Episoden der eigenen Geschichte, die nicht einfach gelöscht und vergessen, sondern noch einmal zum Gegenstand der Auseinandersetzung gemacht werden. Schuld ist zwar ein Begriff, der nicht übertragbar ist, weil er an persönliches Handeln und damit an Individuen geknüpft ist. Verantwortung für Verbrechen kann und muss jedoch auch längerfristig von Institutionen, Nachfolgestaaten und Gesellschaften übernommen werden.

3. Die neue Erinnerungskultur braucht historische Forschung

Das kollektive Beschweigen galt nach dem Krieg nicht nur in Westdeutschland, sondern war auch eine internationale Praxis, wie der Politologe Tony Judt gezeigt hat. In der Phase des Kalten Krieges waren die nationalen Gedächtnisse Europas eingefroren, um die neuen west- bzw. osteuropäischen Bündnisse diesseits und jenseits des Eisernen Vorhangs zu stützen. Indem «alle Verantwortung für den Krieg, seine Leiden und Verbrechen den Deutschen zufiel», wurden zum Beispiel jene Verbrechen, die während des Krieges und danach von anderen verübt wurden, «passenderweise vergessen».[14] Dieses Vergessen hat in West und Ost bis zum Ende des Kalten Krieges angehalten. Nach 1990 öffneten sich die osteuropäischen Archive. Die Auswertung dieser Quellen ermöglichte eine neue Welle der internationalen historischen Holocaust-Forschung. Dabei kam es nicht nur in Deutschland zu Erinnerungsschüben, die den Holocaust ins allgemeine Bewusstsein rückten und dabei in Europa fest etablierte positive nationale Selbstbilder ins Wanken brachten. Hier nur einige Beispiele: Aufgrund neuer Dokumente über Vichy und die Geschichte des Antisemitismus in Ostdeutschland waren Frankreich und die DDR plötzlich nicht mehr ausschließlich Widerstandskämpfer; nach der Affäre Waldheim und den Diskussionen um Jedwabne waren Österreich und Polen nicht mehr ausschließlich Opfer; und selbst die neutrale Schweiz musste sich mit den Banken und der Grenze als neuen ‹nationalen Erinnerungsorten› auseinandersetzen. Überall kamen mithilfe neuer Quellen, Dokumente und Forschungen auch Erinnerungen wieder hoch und wurden in den verschiedenen Gesellschaften erregt debattiert, womit die Eindeutigkeit und Ausschließlichkeit des herrschenden nationalen Narrativs in Frage gestellt wurden.

4. Die neue Bedeutung der Zeugenschaft.

Es gibt aber auch Verbrechen in der Geschichte, für die Archive und historische Dokumente fehlen. Judith Butler hat den Begriff ‹normative Gewalt› geprägt für Machtverhältnisse, in denen Formen einseitiger Gewalt nicht nur möglich sind, sondern auch noch als ‹natürlich› erscheinen, sodass sich niemand zu rechtfertigen braucht. Das gilt zum Beispiel in hohem Maße für Verbrechen des Kolonialismus oder die Sklaverei, also Formen der Ausrottung und Ausbeutung, die zum Tatzeitpunkt als selbstverständlich hingenommen und nicht weiter kommentiert wurden. Doch wo es keine Archive gibt, gibt es eine andere Quelle der Wahrheit, die lange überhört wurde, nämlich die Stimmen der Opfer, die oft jahrhundertelang kein Gehör fanden. Das größte Archiv des Leidens der Schwarzen in den USA ist sicher der Jazz, der es zwar ins Zentrum der amerikanischen Kultur geschafft hat, aber nie als rechtskräftige Aussage anerkannt wurde. Wir sprechen heute von diesen Stimmen als ‹mündlichen Zeugnissen›. Sie bezeugen Wunden der Geschichte, wo es keine schriftlichen Quellen gibt. Das mündliche Zeugnis *(testimony)* hat inzwischen auch Eingang in die Geschichtswissenschaft gefunden.

5. Die neue Erinnerungskultur ist dialogisch.

Das unterscheidet sie von der nationalen Erinnerung, die traditionell monologisch war. Dabei spielte nicht nur der Stolz eine Rolle. Gerade auch eine starke Fokussierung auf die eigene Opfergeschichte verhindert die Möglichkeit der von Huizinga geforderten Rechenschaft und Verantwortung und lässt die eigene Schuld ‹vergessen›. Die Logik des nationalen Gedächtnisses war und ist vom Platzmangel bestimmt: Das eigene Leid braucht in aller Regel sehr viel Platz und verdrängt dabei das Leid, das man anderen zugefügt hat. Der Historiker Marc Bloch verglich einmal die nationalen Gedächtnisse mit einem «Dialog unter Schwerhörigen, bei dem jeder völlig verkehrt auf die Fragen des anderen antwortet».[15] In der EU existieren die nationalen Gedächtnisse aber nicht mehr in Isolation, sondern sind mit denen der Nachbarn untrennbar verbunden. Der politische und kulturelle Rahmen der EU hat schon viel bewirkt, um die nationalen Erinnerungen hellhöriger und poröser für die eigene Schuld und das Leid der anderen zu machen. Ebenso gilt aber: Wenn sich die monologischen Gedächtniskonstruktionen wieder verfestigen, kann die europäische Integration nicht wirklich voranschreiten.

Vom Schlussstrich zum Trennungsstrich

Zusammenfassend lässt sich sagen, dass im politischen Raum inzwischen zwei sehr unterschiedliche nationale Erinnerungspraktiken herrschen. Die erste ist bekannt und wohlvertraut. Personen wie Staaten erinnern sich lieber an das, was ihren Stolz bestätigt und ihre Größe unter Beweis stellt.

Das nationale Gedächtnis ist der Sockel, auf dem ein positives Selbstbild errichtet wird, das anerkannt und bewundert sein will. Ereignisse, die dieses Bild gefährden, werden deshalb lieber schamvoll verschwiegen oder verdrängt. Auch in unseren persönlichen Erinnerungen und Erzählungen spielen wir lieber die Rolle des Helden als die des Verlierers, geschweige denn des Verräters oder gar Verbrechers. Der Stolz übernimmt die Regie über die Erinnerung und arbeitet wie ein Zensor, der beschämende Episoden aus dem Gedächtnis streicht. Mit dem Ruf nach einem Schlussstrich möchte man ein dunkles Kapitel der eigenen Geschichte abschließen und ad acta legen, ganz nach der Devise: aus den Augen, aus der Sprache, aus dem Sinn. Was bei einem Schlussstrich nicht mehr besprochen und thematisiert wird, das sollte sich, so die Hoffnung, mit der Zeit allmählich von selbst auflösen. Das dahinterstehende Prinzip lautet: Man muss die Vergangenheit vergessen, um den Weg in eine bessere Zukunft zu öffnen. Dieses Prinzip, von dem Adenauer und Churchill überzeugt waren, hatte allerdings einen hohen Preis: Während sich Sieger und Verlierer miteinander arrangierten, fanden die jüdischen und andere Opfer des NS-Terrors lange kein Gehör. Ein Schlussstrich ist immer problematisch, weil er die Täter schützt und den Opfern schadet.

Seit der Wende ist in Deutschland das Modell Schlussstrich durch ein anderes Modell abgelöst worden: Ich nenne es den Trennungsstrich. Ein Trennungsstrich zieht auch eine Linie zwischen der Gegenwart und der Vergangenheit. Der Unterschied ist aber, dass man damit die Vergangenheit nicht dem Vergessen überlässt, sondern sie umgekehrt zum Gegenstand der Auseinandersetzung macht und ins Erinnern zurückholt. Ein Trennungsstrich ist komplexer als ein Schlussstrich: Durch ihn grenzt man sich in der Gegenwart von einer Vergangenheit ab, die man sich aber gleichwohl weiterhin zurechnet. Man übernimmt für sie Verantwortung und distanziert sich gleichzeitig von ihr durch bewusste Reflektion, durch Historisierung und vor allem durch eine Umwertung der Werte. Der Trennungsstrich ist die Form der Auseinandersetzung mit einer Vergangenheit, die man nicht einfach loswerden kann, die man aber auf keinen Fall wiederholen möchte. Der moralisch gestützte Imperativ eines ‹Nie wieder!› wird dabei zu einer klaren Richtschnur für die Zukunft des Landes und seiner Gesellschaft. Diese Zukunft aber wird gerade nicht auf Vergessen, sondern umgekehrt auf Erinnern, Lernen, Reflektieren und Versöhnen gebaut.

Hinter diesem Willen zur Aufklärung steht der Wunsch, einen Bruch in der Geschichte zu vollziehen und einen Wandel der eigenen Identität in Gang zu bringen. Dieser Wunsch kommt aus der Überzeugung: Wir können nicht einfach so weitermachen, als sei nichts geschehen. Wo sich Menschheitsverbrechen ereignet haben, wird Kontinuität der Geschichte zu einem gravierenden Problem. Es meldet sich das Bedürfnis, einen klaren Schnitt zu machen und sich von der negativen Vergangenheit zu befreien. Das geht jedoch nicht mehr durch Leugnung oder Vergessen, denn Vergessen ist, wie wir überall konstatieren können, eine besonders hartnäckige Form der Konservierung. Es geschieht im Modell Trennungsstrich durch Aufarbeitung, Durchleuchtung und Auseinandersetzung. Dann ist es nicht mehr die Zeit, die von der Geschichtslast befreit, sondern eben die aktive Auseinandersetzung. Das gilt vor allem auch für Staaten, die einen Transitionsprozess durchlaufen, um sich von Diktaturen in Demokratien zu verwandeln. Hier lauten die Richtlinien: «Der Weg in die Zukunft führt über die Aufarbeitung traumatischer Vergangenheit.» Und: Eine unaufgearbeitete Ver-

brechensgeschichte «unterminiert den Weg in die Demokratie».[16] Auch in diesem Fall wird nicht das Vergessen, sondern
das Erinnern zum Motor der Erneuerung, denn Erinnern
schafft die Basis für ein neues Selbstbild und erweist sich als
die sicherste Form des Abstands gegenüber vergangenen Ver-
irrungen und Verbrechen. Auf diese Weise kann eine Erinnerung, die mit einem Bekenntnis zur historischen Wahrheit
verbunden ist, eine verwandelnde Kraft entfalten und zur
Grundlage eines erneuerten nationalen Selbstverständnisses
werden. ‹Transition› – Übergang – braucht eben auch ‹Trans-
formation›, und das ist ein gemeinsamer Wille zur Verwandlung.

Verallgemeinernd lässt sich festhalten, dass acht Faktoren
zusammenwirken müssen, damit der Transitionsprozess von
einer Diktatur in eine Demokratie nicht nur eine politische
Wende einleiten, sondern auch zu einem nachhaltigen gesellschaftlichen Mentalitäts- und Identitätswandel führen kann:

1. Der Staat muss gewisse Rahmenbedingungen setzen.
   Dazu gehören zum Beispiel offizielle Feiertage,
   Programme der Schulbildung oder ein Gedenkstät-
   tenvertrag.
2. Institutionen des kulturellen Gedächtnisses wie
   Museen, Archive und Bibliotheken müssen unabhängig von staatlicher Bevormundung verschiedene
   Zugänge zur Geschichte eröffnen.
3. Die Justiz muss das Unrecht verfolgen und die Täter
   verurteilen.
4. Historiker(-Kommissionen) müssen recherchieren
   und das Unrecht aufklären.
5. Die Opfer müssen anerkannt werden und in diesem
   Prozess eine Stimme erhalten.

6. Künstler müssen durch eigene und unabhängige Impulse das kulturelle Klima stimulieren. Sie enervieren damit das öffentliche Bewusstsein und halten es wach.

7. Die Medien müssen diese Themen aufnehmen, diskutieren und in alle gesellschaftlichen Schichten vermitteln.

8. Die Zivilgesellschaft muss diesen Wandlungsprozess in der Öffentlichkeit diskutieren und durch lokale Initiativen stützen.[17]

Das Wort ‹Erinnerungskultur› ist im Grunde nur ein anderer Begriff für eine politische Bildung, die die gesellschaftliche Teilhabe stärkt und in der sich Institutionen wie Museen, Archive und Gedenkstätten selbstkritisch mit der eigenen Geschichte auseinandersetzen. Sie hat das Ziel, ein Bewusstsein von Gewalt und Unrecht in der Gesellschaft aufrechtzuerhalten, um sich nicht wieder dem Staatsterror zu beugen und hinter den erreichten Stand der Rechtsstaatlichkeit zurückzufallen.

4. Lehre: Die Wiederentdeckung der Menschenrechte

Die Menschenrechte sind die vierte Lektion, die die EU aus der Geschichte gelernt hat. Diese Lektion, so meine These, ist wie die der historischen Wahrheit als Kern einer neuen Erinnerungskultur erst nach dem Ende des Kalten Krieges dazugekommen. Das mag zunächst wenig plausibel klingen. Die Menschenrechte sind doch keine späte Erfindung, sondern haben eine lange und ehrenwerte Geschichte. Die USA dürfen stolz darauf sein, dass sie 1791 in ihrer ‹Bill of Rights› unveräußerliche, einklagbare Grundrechte formuliert haben; ebenso gehören diese seit der Französischen Revolution zur modernen Idee der Nation. Die Geltung dieser ‹universalen Rechte› war in der Geschichte zwar immer sehr einge-schränkt und wurde, wie in Frankreich, nicht auf Frauen oder, wie in den USA, nicht auf die schwarze Bevölkerung ausgedehnt. Das änderte sich aber, als diese Rechte nach dem Zweiten Weltkrieg in Europa noch einmal neu dekla-riert und zur Grundlage eines neuen Europa-Gedankens wurden. Im Gegenteil könnte man fragen: Waren sie nicht überhaupt die *erste* Lehre, die die europäische Föderation aus den Katastrophen des 20. Jahrhunderts gezogen hat?

Es ist richtig, dass das Thema Menschenrechte nach 1945 mit neuer Kraft und Nachdruck wieder aufkam. 1946 wurde eine Kommission unter Leitung von Eleanor Roosevelt, der Witwe des US-Präsidenten Franklin D. Roosevelt, einge-setzt, um einen internationalen Menschenrechtskodex zu entwickeln. Es waren Veteranen des Ersten Weltkriegs wie René Cassin, der französische Jurist, Diplomat und Erzieher, die dies nach der Erfahrung zweier Weltkriege zu ihrem Vermächtnis für die Zukunft machten.[1] Am 10. Dezem-ber 1948 wurden die Menschenrechte von der Generalver-sammlung der Vereinten Nationen in Paris noch einmal deklariert, um nicht zu sagen verkündet: «Alle Menschen sind frei und gleich an Würde und Rechten geboren.»

Dennoch konnte weder eine formale Erklärung der Men-schenrechte noch ihre Einschreibung in die Verfassungen neuer europäischer Demokratien nach dem Zweiten Welt-krieg automatisch eine neue moralische Sensibilität hervor-bringen und eine neue soziale und politische Praxis initiie-ren. Hinzu kommt, dass der Kalte Krieg kein förderliches

Klima für die Umsetzung der Menschenrechte bot. Die politische Spaltung des Ost-West-Konflikts hatte bereits den Plan eines verbindlichen völkerrechtlichen Vertrags unmöglich gemacht, weshalb man sich schließlich auf eine allgemeine Erklärung der Menschenrechte vor der UN-Vollversammlung einigte. ‹Universal› war in diesem Zusammenhang gleichbedeutend mit ‹unverbindlich›. Es dauerte tatsächlich bis in die 1980er und 1990er Jahre, ehe sich die Menschenrechte von den Nationalstaaten ablösten und auf der Ebene neuer transnationaler Nichtregierungsorganisationen wie Human Rights Watch und Amnesty International praktisch wurden. Diese NGOs wurden in den 1960er Jahren gegründet, aber ihre thematische Ausdehnung, ihren politischen Einfluss und ihre globale Reichweite haben sie erst im digitalen Zeitalter erlangt.[2]

Bürgerrechte und Menschenrechte

Die Protestbewegung der Schwarzen in den USA in den 1950er und 1960er Jahren war keine Menschenrechtsbewegung, sondern eine Bürgerrechtsbewegung. Es ging um die Beseitigung von verfestigten Rangunterschieden und die Beendigung des Status der Schwarzen als erniedrigte und unterdrückte Minderheit. Chancengleichheit, sozialer Respekt, politische Teilhabe und gesellschaftliche Integration waren Forderungen, die auf den vollen Genuss von Bürgerrechten zielten. Die schwarzen Mitglieder dieser Bürgerrechtsbewegung verstanden sich als patriotische Amerikaner, die ihren weißen Mitbürgern die Veruntreuung ihrer eigenen demokratischen Prinzipien vorhielten.

In Diktaturen dagegen, in denen die Menschenrechte nicht Teil der Verfassung sind, werden Bürgerrechtsbewegungen automatisch zu Menschenrechtsbewegungen. Ein eindrucksvolles Beispiel dafür sind die Protestbewegungen, die zum Fall der Mauer und zum Sturz der Regime in den Ostblockstaaten geführt haben. Die Bürgerbewegung in der DDR setzte sich aus ganz unterschiedlichen Akteuren aus allen gesellschaftlichen Schichten und Berufen zusammen. Es waren keine politisch geschulten Funktionäre, sondern einfache Arbeiter und Intellektuelle, Menschen aus Kreisen der Kirche, Künstler und andere Dissidenten, die sich selbst als ‹das Volk› erkannten und sich zusammentaten, um ihre Menschenrechte einzufordern (siehe unten, S. 99–101).

Diese friedliche Revolution hatte ein wichtiges Vorspiel, an das heute das Europäische Solidarność-Zentrum (Europejskie Centrum Solidarności, ECS) in Gdansk erinnert. Im August 1980 kam es auf der Leninwerft in Danzig zu einem Aufstand der Arbeiter. Der Streik, der von Lech Wałęsa geleitet wurde, war erfolgreich und führte über Verhandlungen am Runden Tisch zur ersten unabhängigen Gewerkschaft im Ostblock. Die beiden Holztafeln mit den 21 Forderungen der Streikenden werden heute von der UNESCO zu den wichtigsten Dokumenten der Menschheit (womöglich in einer Reihe mit den Gesetzestafeln des Moses?) gezählt. Arbeiteraufstände hatte es schon vorher gegeben; die Solidarność-Bewegung hatte jedoch etwas nachhaltig verändert und repressive Strukturen abgebaut. Diese Episode sollte nicht nur ein Kapitel der polnischen Geschichte bleiben, sondern auch zu einem wichtigen Teil der europäischen Geschichte werden. Für dieses gemeinsame Erbe sollte schließlich ein Museum entstehen, das von der EU mit 51 Millionen Euro gefördert und im August 2014 eröffnet wurde.

Im Gründungsvertrag des ECS von 2007 wurde der Auftrag dieses Museums klar umrissen: Durch die Weitergabe des Erbes von Solidarność solle das ECS «neue kulturelle, gesellschaftliche, (...) nationale und europäische Initiativen mit universeller Dimension» inspirieren und «die Errungenschaften des friedlichen Kampfes für Freiheit, Gerechtigkeit, Demokratie und Menschenrechte mit denen teilen, denen sie vorenthalten werden».[3] Ursprünglich war das Narrativ der Ausstellung auf der Idee einer Führungsrolle Polens in der Auflösung des Ostblocks aufgebaut. Es sollte zeigen, dass nicht erst die Bürgerbewegungen der DDR und der baltischen Staaten zum Fall der Mauer geführt haben, sondern der Stein des Umbruchs bereits mit den streikenden Arbeitern auf der Leninwerft ins Rollen gekommen sei. Von dieser auf polnischem Nationalstolz und Konkurrenzdenken basierenden Konzeption wollte der 2011 eingestellte Direktor des Museums Basil Kerski aber nichts mehr wissen. Ihm zufolge sollte das Museum zur Weiterentwicklung der Demokratie in Europa beitragen und «im Geist der Solidarność-Revolution (...) die Vergangenheit und die Zukunft Polens und Europas in einen fruchtbaren Dialog treten» lassen.[4] Sein Interesse an dieser Geschichte mündete in ein Bekenntnis zu Europa: «Als eine Gemeinschaft demokratischer Nationen stützt sich die EU auf grundlegende Werte, Normen und Überzeugungen, die auf dem Weg gemeinsamer historischer Erfahrungen erarbeitet worden sind.»[5] In diesem Sinne soll die Geschichte der Solidarność «die Gemeinschaft der europäischen Demokratien stärken und zu einem wichtigen Teil des Gründungsmythos Europas» werden, wie es auf der Homepage des Museums heißt.

Dieses Museum versteht sich also nicht nur als das Museum einer friedlichen polnischen Revolte, sondern vor allem als ein europäisches Bildungs- und Forschungszentrum der Menschenrechte. Der Bogen öffnet sich dabei vom

Schauplatz der Leninwerft in Gdansk mit ihrem großen Tor auf Polen, Europa und die Welt. Der letzte Saal hat die Überschrift «Triumph der Freiheit» und stellt Auszüge aus der Deklaration der Menschenrechte in vielen Sprachen aus. Das Museum fördert, wie bei einer Veranstaltung zum 35. Jahrestag der Gründung der Gewerkschaft Solidarność betont wurde, «die Ideen von Freiheit und Solidarität und ist ein Begegnungsort für Bürger, die sich für die Weiterentwicklung der Demokratie verantwortlich fühlen. Hierzu dienen die Dokumentation von Zeitzeugenberichten, Projekte für Kinder und Jugendliche, Konferenzen, Filmvorführungen, Publikationen und Ausstellungen.»[6]

Die Geburt einer neuen Menschenrechtsbewegung aus dem Terror der südamerikanischen Militärdiktaturen

Die 1968er-Bewegung war eine politische Bewegung, die sich für die Befreiung der Unterdrückten und den bewaffneten Kampf im Rahmen einer Weltrevolution einsetzte. Die Menschenrechte spielten in diesem Zusammenhang keine Rolle. Seit 1973 gab es erste Anzeichen einer Entspannungspolitik. Ein erstes Treffen der ‹Konferenz für Sicherheit und Zusammenarbeit in Europa› (KSZE) stand unter dem Motto: «Sicherheit heißt nicht Zäune errichten, sondern Tore aufmachen.»[7] Zwei Jahre später trafen sich in Helsinki 35 Staaten der KSZE. In den zehn Prinzipien der Schlussakte, die auf dieser Konferenz ausgehandelt wurden, ging es um drei Themenbereiche: Abrüstung, wirtschaftliche Zusammenarbeit und «die Einhaltung der Menschenrechte». Von einer Wirkung oder Umsetzung dieses letzten Punktes konnte jedoch nicht die Rede sein.

In den 1970er Jahren ‹vergaßen› die USA ihre Verantwortung für die Menschenrechte, als sie sich aus Interesse an der Sicherung von Rohstoffen in den sogenannten ‹schmutzigen Kriegen› in Südamerika engagierten und die dortigen Militärjuntas beim Kampf gegen unliebsame Personen der eigenen Bevölkerung in Foltertechniken unterstützten. Ein bevorzugtes Mittel des Staatsterrors war das massenhafte Verschwindenlassen von Personen. Unter diesen dramatischen Umständen wurden die Menschenrechte aber nicht nur demonstrativ gebrochen, sondern auch neu erfunden. Der Druck der Repression rief nämlich neue politische Akteure auf den Plan, die ganz anders in Erscheinung traten als die üblichen Helden politischer Bewegungen wie Che Guevara oder Ho Chi Minh. Sie sprachen nicht mehr eine auf politischer Ideologie basierende Sprache und waren nicht einmal männlich. Die Mütter und Großmütter, die sich zwischen 1977 und 1983 jeden Donnerstagnachmittag auf der Plaza de Mayo in Buenos Aires einfanden, hatten nur eine einzige Forderung: Sie wollten wissen, was aus ihren ‹verschwundenen› Kindern geworden war. Ihre Performance war eindrucksvoll: Sie trugen weiße Kopftücher und bewegten sich mit ihren Plakaten, die Fotos der Kinder und Enkel zeigten, langsam in einem großen Kreis, weil das Stehen und Sich-Versammeln auf dem Platz unter Strafe standen. Indem sie mit großer Hartnäckigkeit ihre Fragen und Forderungen wiederholten, traten sie als öffentliche Zeugen eines vom Staat geheim gehaltenen Verbrechens auf. Der moralische Appell dieser Machtlosen erlangte schon vor dem Internetzeitalter globale Aufmerksamkeit und brachte das argentinische Terrorregime 1983 zu Fall.

Das Modell der Wahrheitskommissionen entstand in Südamerika, wo Länder wie Argentinien, Chile, Uruguay und Brasilien sich in den 1980er und 1990er Jahren von

Militärdiktaturen zu Demokratien wandelten. Die Opfer dieser Diktaturen beriefen sich auf das globale Paradigma der Menschenrechte und bildeten neue politische Begriffe wie ‹Menschenrechtsverletzung› und ‹Staatsterrorismus›.[8] Auf der Basis dieser Werte und Begriffe wurden neue Untersuchungskommissionen eingerichtet, aus denen später die Wahrheitskommissionen hervorgingen. Sie bauten auf die transformierende Kraft der historischen Wahrheit und die Bedeutung aktiver Erinnerungsarbeit. ‹Nie wieder!› bzw. ‹nunca mas!› wurde zu einem politischen und kulturellen Imperativ. Gleichzeitig ersetzte das Menschenrechtsparadigma als neuer und einflussreicher Opferdiskurs die traditionellen politischen Narrative des Klassenkampfs, der nationalen Revolutionen und der politischen Antagonismen. Im Zentrum der Werte stand nunmehr der universale Wert der Menschenwürde im Sinne der körperlichen und sozialen Integrität der Person. Mit diesen universalistischen Werten entstand eine neue politische Agenda, in der auch andere Formen der Staatsgewalt kritisiert werden konnten, wie Rassen- und Geschlechterdiskriminierung sowie die Unterdrückung indigener Bevölkerungen. Dieser Wertewandel wurde zu einer wichtigen symbolischen Ressource, um Ende des 20. und Anfang des 21. Jahrhunderts ‹Verbrechen gegen die Menschlichkeit› ins globale Rechtsbewusstsein einzubringen.

Was die transnationale Bewegung zur Abschaffung der Sklaverei für das 19. Jahrhundert war, ist das weltweite Eintreten für Opfer von Gewalt für das späte 20. und frühe 21. Jahrhundert. Der wichtige Unterschied ist allerdings, dass nun die Opfer für sich selber sprechen und ihr Recht auf Anerkennung und Erinnerung in einer globalisierten Welt einfordern. Die Ausbreitung ihrer Stimmen und ihre öffentliche Sicht- und Hörbarkeit haben ein neues Weltethos geschaffen, das es den nationalstaatlichen Autoritäten immer schwerer macht, eine repressive Politik des Vergessens und der Verdrängung aufrechtzuerhalten. In postdiktatorischen Gesellschaften ist das Erinnern inzwischen zur Bedingung einer sozialen Umwandlung geworden, die auf den Systemwandel folgen muss und ihn ergänzt und vertieft. Das Ziel dieser Form der Vergangenheitsbewältigung besteht darin, durch Aufarbeitung eine Gewaltgeschichte hinter sich zu bringen, um eine gemeinsame Zukunft zu gewinnen.

Migration und Menschenrechte

Der Begriff ‹Migration› wird heute als Oberbegriff für zwei gegensätzliche Arten von Bewegungen von Menschen im geographischen Raum verwendet, die nicht immer trennscharf zu unterscheiden sind, inzwischen aber auch in zwei extremen Ausprägungen vor Augen stehen: die freiwillige und die unfreiwillige Migration. Die freiwillige Migration betrifft Menschen als handelnde Subjekte, die sich von der Veränderung des Standorts eine Verbesserung ihrer Chancen für Leben und Beruf erwarten. Die unfreiwillige Migration dagegen betrifft Menschen, die in bestimmten politischen Konstellationen zur Veränderung ihres Wohnorts gezwungen werden oder Verfolgung und Lebensgefahr ausgesetzt sind. Während die freiwillige oder aktive Migration ein selbstverständlicher Teil der Kolonialgeschichte und der Einwanderungsgeschichte war, ist die unfreiwillige oder passive Migration Teil einer Gewaltgeschichte, deren Symptom sie zugleich ist. Im Folgenden ist ausschließlich von der unfreiwilligen Migration die Rede.

Es besteht ein enger Zusammenhang zwischen Migration, Reisepass und Menschenrechten. Aktive Migration, die eine freie Entscheidung innerhalb einer selbstbestimmten Gestaltung der eigenen Biographie ist, setzt einen gültigen Reisepass und ökonomische Liquidität voraus. Auswanderer und Einwanderer sind diejenigen, die gültige Papiere und genug Geld bei sich tragen, um nationale Grenzen zu passieren und im Ankunftsland Unterkunft, Arbeit und einen Ort in der Gesellschaft zu finden. Passive Migration vollzieht sich unter ganz anderen individuellen, psychologischen und rechtlichen Bedingungen, denn sie setzt die Herkunft, die eigene Identität und das Leben aufs Spiel. Flucht ist die Ultima Ratio, die letzte und radikalste Entscheidung, die man in einem Leben treffen kann. Es ist niemals eine freie Entscheidung, sondern eine, die von äußerster Not und der unmittelbaren Bedrohung der eigenen Existenz diktiert wird. Gleichzeitig mobilisiert dieser Tiefpunkt der Existenz noch einen Funken Hoffnung, der Menschen in Bewegung versetzt und ihnen eine Orientierung vorgibt. Den Gegensatz zwischen aktiver und passiver Migration hat Hans Magnus Enzensberger auf eine einfache Formel gebracht: «Fremde sind umso fremder, je ärmer sie sind».[9]

Menschen setzen sich in Bewegung, wenn am Ort ihrer Existenz durch Kriege und Verfolgung jegliche Perspektive auf eine Zukunft zerstört ist. Mit ihrer Bewegung verlieren sie ihre nationale, kulturelle und gesellschaftliche Identität, sie fallen aus dem bürokratischen und rechtlichen Raster heraus und werden staatenlos. In diesem Zustand sind sie vogelfrei, das heißt, sie genießen keinen staatlichen Schutz und keine Rechte mehr. Hannah Arendt kannte diesen Zustand, sie war selbst 13 Jahre lang ‹staatenlos›, und zwar von 1937, als sie aufgrund rassischer Verfolgung aus Nazi-Deutschland auswanderte, bis 1950, als sie zehn Jahre nach ihrer Einwan-

derung in die USA die amerikanische Staatsbürgerschaft
erhielt. In ihrem 1943 veröffentlichten Aufsatz «Wir Flüchtlinge» hat sie deutlich gemacht, dass Menschenrechte, wie
sie in zahlreichen Deklarationen niedergelegt sind, ohne
staatlich garantierte Bürgerrechte wertlos sind. «Das Konzept der Menschenrechte», schreibt Arendt, «das auf der puren Existenzberechtigung jedes menschlichen Wesens ba-
siert, zerfiel zu Stückwerk, sobald diejenigen, die es öffentlich
verbürgen, sich zum ersten Mal mit Menschen konfrontiert
sahen, die aller Bindungen und aller Spezifika beraubt waren. Sie waren Menschen, sonst nichts. Im System der
Nationalstaaten erweisen sich die unverletzlichen und
unveräußerlichen Rechte als vollkommen ungeschützt, wenn
sie nicht mit denen des Staatsbürgers verknüpft werden
können.»[10]

Der Flüchtling an der Staatsgrenze verliert seine politische und soziale Identität und fällt bar aller Bindungen und
Verbindlichkeiten auf sein pures ungeschütztes Menschsein
zurück. Das Dasein als Flüchtling wird deshalb, wie Giorgio
Agamben betont, «als ein temporäres gesehen, entweder
führt es zur Einbürgerung oder zur Rückführung. Ein per-
manenter Status als Mensch schlechthin ist in der Gesetzgebung von Nationalstaaten nicht vorgesehen».[11] Tatsächlich
bleibt die Deklaration allgemeiner Menschenrechte wir-
kungslos, solange diese Rechte nicht von politischen Institutionen garantiert werden. Arendt hat die Menschenrechte
deshalb aus der Form der Aufzählung in einer Liste heraus-
geholt und zurückgeführt auf «das Recht, Rechte zu haben».
Dieses Recht hat sie in ihrer Studie über *Elemente und Ursprünge totaler Herrschaft* näher erläutert: «Daß es so etwas
gibt wie ein Recht, Rechte zu haben – und dies ist
gleichbedeutend damit, in einem Beziehungssystem zu le-

ben, in dem man aufgrund von Handlungen und Meinungen beurteilt wird –, wissen wir erst, seitdem Millionen von Menschen aufgetaucht sind, die dieses Recht verloren haben und zufolge der neuen globalen Organisation der Welt nicht imstande sind, es wiederzugewinnen.»[12] Angesichts ihrer eigenen Erfahrung als Flüchtling und der damit verbundenen Reduktion auf ein bloßes Menschsein fordert Arendt ein Menschenrecht auf Zugehörigkeit und Teilhabe in einem politischen Kontext. Jeder Mensch braucht nach Arendt Anerkennung in einer sozialen Umwelt und damit einen Standort in der Welt, «der die Bedingung dafür bildet, dass seine Meinungen Gewicht haben und seine Handlungen von Belang sind». Deshalb ist das Recht auf Menschenrechte seit dem Zweiten Weltkrieg in die Verfassungen neuer demokratischer Nationalstaaten in Europa eingegangen, in denen die Menschenrechte als Bürgerrechte wiederkehren.

Mit dieser rechtlichen Verankerung ist allerdings auch ein Problem verbunden: Wenn die Staaten souverän über ihre Verfassung verfügen, können sie diese Rechte auch jederzeit wieder einschränken oder ganz zurücknehmen. Im Zeichen des Demokratieabbaus von Nationalstaaten werden als erstes Grundrechte von ethnischen Minderheiten eingeschränkt, was wiederum zu Fluchtbewegungen führt. Arendt, die den Nationalstaat unter dem Vorzeichen des Nationalsozialismus kennengelernt hatte, hatte keinerlei Vertrauen in die Nationalstaaten als Hüter und Garanten der Menschenrechte. «Der Souveränitätsbegriff des Nationalstaats, der ohnehin aus dem Absolutismus stammt, ist unter heutigen Machtverhältnissen ein gefährlicher Größenwahn. (...) Wirkliche Demokratie aber, und das ist vielleicht in diesem Zusammenhang das Entscheidende, kann es nur geben, wo die Machtzentralisierung des Nationalstaats gebrochen ist und an ihre Stelle die dem föderativen System eigene Diffusion der Macht in viele Machtzentren gesichert ist.»[13] Eine solche Rückstufung der Nationalstaaten, wie Arendt sie hier fordert, ist in der Europäischen Union zur Realität geworden. Deshalb kann die EU als ein transnationaler Verbund über die Staatsgrenzen hinweg Verantwortung übernehmen und für die Menschenrechte einstehen.

Carolin Emcke hat darauf hingewiesen, dass sich der Status des Flüchtlings seit der Zeit von Hannah Arendt noch einmal dramatisch verändert hat: «Der Begriff der ‹Geflüchteten› ist erstaunlich ungenau für das, was diesen Menschen widerfährt. Sie sind die, die nirgends ankommen, die Unerwünschten. Sie sind die Währung, in der moderner Ablasshandel verrechnet wird, die Verhandlungsmasse, mit der autoritäre Regime sich freikaufen von Kritik oder Sanktionen für ihre Verbrechen, sie sind die, für die Grenzen verschoben, verlagert, gesichert, bebaut, geschlossen oder fiktionalisiert werden. Sie sind Geflüchtete ohne Zuflucht. ‹Refugees without refuge›, Zufluchtslose.»[14]

Das Wort ‹Asyl› klingt nach einem Fremdwort und einer fremden Welt, mit der man nichts zu tun haben möchte. In Wirklichkeit aber verhält es sich ganz anders, denn es ist ja nur die Übersetzung des deutschen Wortes ‹Zuflucht›. Zuflucht ist ein Hoffnungswort; es drückt aus, was sich jeder Mensch wünscht und was jeder Mensch braucht. Der Klang dieses Wortes kommt von weit her, er ist eingefärbt von den ältesten Texten unseres kulturellen Gedächtnisses. Denn Zuflucht ist ein Schlüsselwort der Psalmen. Die Sprecher dieser Psalmen sind meist unterwegs, vereinsamt und schutzlos auf der Flucht. Die Urszene unzähliger Psalmen ist eben dieser Zusammenhang zwischen ‹Flucht› und ‹Zuflucht›, für den ich hier beispielhaft einige Verse aus dem 31. Psalm anführe.

Man muss nicht Jude oder Christ und nicht einmal religiös sein, um die Verletzlichkeit und Ausgesetztheit menschlicher Existenz aus diesen Versen herauszuhören, auf die heute die Empathie und die Menschenrechte praktische und rechtliche Antworten sind.

> Sei mir ein schützender Fels, ein festes Haus, mich zu
> retten!
> Denn du bist mein Fels und meine Festung; um deines
> Namens willen wirst du mich führen und leiten.
> Du wirst mich befreien aus dem Netz, das sie mir
> heimlich legten; denn du bist meine Zuflucht.
> Du hast mich nicht preisgegeben der Hand meines
> Feindes, du stelltest meine Füße in weiten Raum.
> Ich bin dem Gedächtnis entschwunden wie ein Toter,
> bin geworden wie ein zerbrochenes Gefäß.
> In deiner Hand steht meine Zeit; entreiß mich der
> Hand meiner Feinde und Verfolger!
> Wie groß ist deine Güte, die du bewahrt hast für alle,
> die dich fürchten; du hast sie denen erwiesen, die sich
> vor den Menschen bei dir bergen.
> Du verbirgst sie im Schutz deines Angesichts vor den
> Verschwörungen der Leute. In einer Hütte bewahrst du
> sie vor dem Gezänk der Zungen.
> Gepriesen sei der HERR, denn er hat seine Huld
> wunderbar an mir erwiesen in einer befestigten Stadt.

1945 – 1989 – 2015:
Zäsuren in der Geschichte der EU

Die demokratische Wende von 1945 erscheint in der Erinnerung als ein tiefer Einschnitt und radikaler Neubeginn. Diese Periodisierung hat ihre Berechtigung, aber sie verschleiert die Tatsache, dass für die Deutschen Leid, Not und Gewalt mit der Kapitulation des Hitler-Regimes nicht schlagartig beendet waren, sondern sich mit Hunger, Gefangenschaft und Massenmigration in die Nachkriegszeit fortsetzten. Flucht, Migration und Integration waren eine historische Dauererfahrung in Deutschland, die auch mit der Ankunft der letzten Vertriebenen und Kriegsheimkehrer nicht vorbei war, sondern in den 1960er Jahren mit der Zuwanderung der sogenannten Gastarbeiter, in den 1970er und 1980er Jahren mit den vietnamesischen ‹boatpeople› sowie in den 1990er Jahren mit den Kriegsflüchtlingen aus Südosteuropa weiterging und sich seit 2015 mit den Kriegsflüchtlingen aus Syrien und anderen Krisengebieten fortsetzt.

Das Jahr 1989 steht in Deutschland für die friedliche Revolution und das unerwartete Geschenk der deutschen Wiedervereinigung. Doch wir sollten nicht vergessen, dass die 1990er Jahre in Europa von weiteren Kriegen überschattet waren. Nach dem Zerfall Jugoslawiens kam es auf dem Balkan zu blutigen Bürgerkriegen, die mit einem sprunghaften Anstieg von Flüchtlingen aus diesen Kriegsgebieten verbunden waren. Zwischen dem Beginn der Balkankriege 1991 und dem Dayton-Vertrag 1995 nahm Deutschland vorübergehend 350 000 Flüchtlinge auf. Darunter waren Kriegsflüchtlinge aus Ex-Jugoslawien, aber auch Angehörige verfolgter Minderheiten wie zum Beispiel der Roma aus Rumänien.

Während viele der Asylsuchenden einen Zufluchtsort in der neuen Bundesrepublik fanden, machten gleichzeitig die Namen deutscher Städte Schlagzeilen, in denen rechtsradikale Anschläge auf Flüchtlingsunterkünfte verübt wurden: Hoyerswerda 1991, Rostock 1992, Mölln 1992, Solingen 1993. Wie heute waren auch die Flüchtlingsbewegungen der 1990er Jahre von erhitzten Debatten, einem Erstarken rechtsradikaler Parteien und einer Verschärfung der Asylgesetzgebung begleitet. Der ‹Asylkompromiss› von 1993 schränkte das Grundrecht auf Asyl auf die Gruppe der politisch Verfolgten ein. «Nach dem seither gültigen Artikel 16a GG hat in aller Regel keine Chance mehr auf Asyl, wer aus ‹verfolgungsfreien› Ländern stammt oder über so genannte ‹sichere Drittstaaten› einreist, mit denen Deutschland lückenlos umgeben ist.»[15] Die meisten der Balkan-Flüchtlinge sind wieder in ihre Heimatländer zurückgekehrt. Angriffe auf Flüchtlingsunterkünfte gehen seit 2015 in den alten und neuen Bundesländern weiter, in Escheburg bei Hamburg, Böhlen bei Leipzig, in Meißen und Lübeck, Limburghofen und Töglitz, doch finden wir sie nicht mehr in den Schlagzeilen, weil sie inzwischen zum Alltag gehören.

Ein Vergleich der Zäsuren von 1989 und 2015 ist aufschlussreich, denn er macht die Unterschiede und die Herausforderungen deutlich, die mit der gegenwärtigen Migration auf die EU zukommen. Der Fall der Mauer, so schrieb Wolfram Eilenberger in einem Rückblick auf den Herbst 1989, «bedeutete einen enormen Mobilitätsschub. Im Zeichen der Freiheit ordnete er die Landkarte Deutschlands, Europas, ja faktisch der ganzen Welt politisch neu.»[16] Die Schlüsselerfahrungen dieser Wende waren ‹Mobilität› und ‹Freiheit›. ‹Mobilität› ist der Oberbegriff für offene Grenzen, Freizügigkeit und Möglichkeiten der aktiven Migration. Bewegung und Freiheit gehören also grundsätzlich zusammen. Der Fall der Mauer erlaubte es vielen Menschen, die jahrzehntelang festgehalten worden waren, sich im neu geordneten europäischen Raum wieder frei zu bewegen und neu zu orientieren. Während in Staaten mit riesigen Territorien wie Russland oder China nur ein kleiner Prozentsatz der Bevölkerung einen Reisepass besitzt oder benutzt, ist Europa eine transnationale Region geworden, in der Mobilität und Freizügigkeit selbstverständlich geworden sind und einen zentralen Wert ausmachen. Mit dem Schengen-Abkommen wurden Binnengrenzen abgeschafft, wovon eine junge, mobile ‹Erasmus-Generation› profitierte, die die Wirklichkeit einer bedrohlichen und ausschließenden Grenze nur noch vom Hörensagen kannte.

2015, so fuhr Eilenberger fort, «markiert das Ende der zentralen Lebenslüge einer ganzen europäischen Generation». Er meinte damit die in der mentalen Festung Europa genährte Illusion, die globalen Migrationsströme und das millionenfache Leid in Ländern des Nahen Ostens, Asiens und Afrikas könnten weiterhin «lebensweltlich auf Distanz» gehalten werden. Der Einbruch dieser Illusion ereignete sich mit der Ankunft von Flüchtlingen aus aktuellen Kriegs- und Krisenregionen, die nicht in das gängige Mobilitätsschema passten. Der Kontrast zwischen 1989 und 2015 ist offensichtlich; er offenbarte den Gegensatz zwischen aktiver und passiver Migration. 1989 hatte man das euphorische Gefühl der Überschreitung von Grenzen im Zuge erweiterter Freiheit und Mobilität, seit 2015 ist es das genaue Gegenteil: Täglich erleben die Europäer eine Form von Mobilität, die nicht mehr von ihnen ausgeht, sondern auf sie zukommt und als Invasion erfahren wird. Dabei hat sich ein radikaler Perspektivenwechsel vollzogen: Nachdem man Grenzen abgebaut

hatte, arbeitet man nun daran, neue Grenzregime aufzubauen und zu befestigen. Die heutigen Migranten tragen die
Wirklichkeit der Krisenherde und Kriege, die außerhalb Europas weiter schwelen und immer wieder explodieren, ins
Herz Europas. Sie verweisen uns nachhaltig auf das, wovor
wir lieber die Augen verschließen würden: unser Eingebun-
densein in eine Welt der Globalisierung, die von positiven
wie negativen Formen der Mobilität gekennzeichnet ist. Was
wir fern glaubten oder hofften auf Distanz halten zu können,
ist in unmittelbare Nähe und Nachbarschaft gerückt.

1989 war noch ein *europäisches Ereignis*, 2015 ist inzwischen ein *globales Geschehen*. Wie der Klimawandel wird
auch die Globalisierung nicht kontinuierlich erfahren, sondern springt von Schock zu Schock: Europa ist endgültig
Teil der globalen Welt geworden und kommt nicht umhin,
sich in dieser neu zu positionieren. Die aktuelle Massen-
flucht hat sichtbar gemacht, was lange Zeit überlagert war:
dass Migration in ihren vielen Gestalten von Umsiedlung,
Deportation, Flucht und Vertreibung eine Signatur des 20.
und beginnenden 21. Jahrhunderts ist. Unter diesen Umständen erkennen wir heute die eigene Migrationsgeschichte innerhalb der Konturen einer gesamteuropäischen ‹multi-
direktionalen› Migrationsgeschichte. In den Mitgliedstaaten
der EU haben inzwischen die Erinnerungen an das Kriegsende am 8. Mai 1945 und den Holocaust einen festen Platz
gefunden. Während wir uns heute auf die Gewaltverbrechen
des 20. Jahrhunderts – wie den Vernichtungskrieg, den Holocaust oder den Gulag – als *vergangene und damit abgeschlos-
sene* Ereignisse beziehen, die wir als *mahnende* Erinnerung
für die Zukunft präsent halten, ist die unfreiwillige, massenhafte Bewegung von Menschen Teil einer geographisch erweiterten Gewaltgeschichte, die weiterhin anhält und sich

im heutigen Europa in ganz unterschiedlichen historischen Kontexten wiederholt. Die Erinnerung an die eigenen Kapitel dieser Geschichte kann Perspektiven für die Zukunft schaffen, indem sie die Empathie für die heute Betroffenen stärkt und die langjährigen positiven Erfolge der Integrationsgeschichte ebenso sichtbar macht wie die Fehler und Versäumnisse, die nicht wiederholt werden dürfen.

Der europäische Traum

Nationalstaaten, auch das wusste schon Ernest Renan, werden durch einen ‹nationalen Mythos› zusammengehalten. Das Wort ‹Mythos› hat verschiedene Bedeutungen. Wer Mythos mit Lüge gleichsetzt, wird den nationalen Mythos sofort dekonstruieren wollen, wie es Roland Barthes zum Beispiel mit den ‹Mythen des Alltags› getan hat. Mythos in diesem Sinne ist eine fixe Idee oder Illusion, die durch kritisches Hinterfragen aufgelöst werden kann. Wer dagegen unter Mythos eine Gründungserzählung oder fundierende Geschichte versteht, kommt, wie zum Beispiel der Ethnologe Bronisław Malinowski, zu einem anderen Ergebnis.[1] Um diese Perspektive einnehmen zu können, bedarf es allerdings einer gewissen Selbstdistanzierung, um nicht zu sagen: ‹Selbst-Ethnographisierung›. In dieser Perspektive wird sichtbar, dass nicht nur vormoderne exotische Stämme fundierende Erzählungen haben und brauchen, sondern auch die modernen Nationen. In diese Richtung zielt ein wichtiger Hinweis des Historikers Benedict Anderson, der Nationen als ‹imagined communities› definiert hat. Mit dieser hilfreichen Formel dürfen wir seither Nationen ohne Argwohn eines Volksgeistes oder anderer kruder kollektiver

‹Mythen› (im Sinne von Lügen) als Gemeinschaften verstehen, die durch Vorstellungen zusammengehalten werden über das, was sie gemeinsam glauben, über sich wissen und wiederholt praktizieren.

Als ‹vorgestellte Gemeinschaften› sind Nationen also keine naturhaften Gebilde, sondern historisch wandelbare Kollektivsubjekte, die sich über wandelnde Selbstbilder als Gruppe konstituieren. Die Überzeugungs- und Wirkungskraft von Nationalstaaten liegt demnach nicht allein in ihrer politischen Verfassung, in ihrer Wirtschaftsorganisation oder Verwaltungsstruktur, sondern gerade auch in einem gefühlsmäßigen Vorstellungsgehalt, den die Bewohner eines Landes miteinander teilen. Genau 100 Jahre vor Benedict Anderson sprach Renan 1882 noch in der ihm verfügbaren Sprache des 19. Jahrhunderts von einer «Seele» der Nation, die wir heute durch das Wort ‹Identität› ersetzt haben. Renan meinte aber etwas Ähnliches, als er schrieb: «Was die Nation ausmacht, ist der gemeinsame Besitz eines reichen Erbes von Erinnerungen». Und er fügte noch hinzu: «Es macht das Wesen einer Nation aus, dass alle Individuen etwas miteinander gemein haben, auch, dass sie viele Dinge vergessen haben.»[2]

Ein identitätsstützender Mythos kann ebenso auf die Vergangenheit gegründet wie auf die Zukunft ausgerichtet sein. Der Literaturwissenschaftler Leslie Fiedler hat zum Beispiel betont, dass die amerikanische Nation im Gegensatz zur englischen oder französischen nicht durch eine gemeinsame Erinnerung, sondern durch eine gemeinsame Vision zusammengehalten wird. «Als Amerikaner», so drückte er sich aus, «sind wir Bewohner einer gemeinsamen Utopie und nicht einer gemeinsamen Geschichte».[3] Diese Utopie des ‹amerikanischen Traums› wird den Amerikanern nicht als Kollektiv, sondern als Individuen versprochen: Jeder und jede, der und die sich in dieser Gesellschaft nur richtig anstrengt, kann es zu etwas bringen und vom Tellerwäscher zum Präsidenten aufsteigen. Leistung, so das Versprechen, wird unabhängig von sozialer Schicht und Herkunft durch wirtschaftlichen Erfolg oder Berühmtheit belohnt. Dieses Versprechen des amerikanischen Traums hatte Anfang des 20. Jahrhunderts eine große Anziehungskraft auf Einwanderer aus Europa, und es ist bis heute eine unerlässliche Voraussetzung für Integration, Migranten an wirtschaftlichem Erfolg teilhaben zu lassen.

Die letzten beiden Präsidenten der USA, Barack Obama und Donald Trump, haben diesen Traum noch einmal verkörpert, wenn auch auf sehr unterschiedliche Weise: der eine durch Überwindung von Klassen- und Rassengrenzen, der andere durch Reichtum und Medienpräsenz. Allerdings ist der amerikanische Traum schon seit längerem in Verruf geraten, nicht nur, weil immer deutlicher wurde, dass ganze Segmente der Gesellschaft von diesem Aufstiegsideal ausgeschlossen bleiben, sondern auch, weil der starke Druck von Ehrgeiz und Wettbewerb, der auf dem Einzelnen lastet, den Charakter verformen und zu einer Entsolidarisierung führen kann. Jeremy Rifkin hat den Amerikanern deshalb bereits 2007 in seinem Bestseller *The Empathic Society* dringend empfohlen, sich vom Vorbild des egoistischen Aufsteigers – heute können wir ergänzen: Modell Trump – zu lösen und an die Stelle das Bild einer sozialeren Gesellschaft zu setzen, die nicht mehr nur ausschließlich auf Konkurrenz, Erfolg und Geld, sondern auch auf Kooperation setzt und das Gewebe der Gesellschaft durch Bande der Empathie und Solidarität stärkt.

Ein anderer, der sich gerade mit dem amerikanischen

Traum beschäftigt, ist Noam Chomsky.[4] Unter dem Titel *Requiem für den amerikanischen Traum* ist 2017 sein jüngstes Buch erschienen, das auf eine Serie von Interviews zurückgeht, die bereits 2016 als Film zu sehen waren. Das Buch ist aus dem Geist demokratischer Partizipation geschrieben, der in den USA zum Grundbestand patriotischer Werte und Identifikation gehört. Chomsky zeigt darin die Schritte auf, die seit den 1970er Jahren unternommen wurden, um diese liberalen Prinzipien der USA abzubauen und durch einen global schrankenlos gewordenen Neoliberalismus zu ersetzen. In dieser Volkswirtschaft sind die Superreichen «die Hauptkonsumenten und ihnen alleine fließt der Wohlstand zu. Steuern für die Wohlhabenden werden gesenkt; die Lasten tragen andere. Die Wirtschaft und die etablierte Politik verstünden es gut, in vielen Bereichen Entsolidarisierung zu befördern – und den Hass auf Schwächere oder Fremde zu schüren.»[5]

Ein nationaler Mythos ist kein ‹Autopilot-System›, das ein Flugzeug automatisch auf Kurs hält, sondern er bedarf wie ein Auto, das von Zeit zu Zeit zum TÜV muss, der Inspektion, der Reflexion und der kritischen Revision. Der europäische Traum, wie ich ihn mir vorstelle, dient in diesem Sinne der Selbstvergewisserung und Selbstkritik der EU-Staaten. Denn er gilt, so möchte ich Leslie Fiedler weiterdenken, für Individuen wie für ganze Nationen. Die Europäer sind dabei sowohl Bewohner einer gemeinsamen Utopie als auch einer gemeinsamen Geschichte. Beides ist in Europa untrennbar miteinander verbunden, denn die Idee einer europäischen Föderation ist erst aus der gegenseitigen Zerschlagung großer nationaler Imperien und der Entfesselung nationalistischer Gewalt entstanden. Der europäische Traum ist damit eine Antwort auf den Alptraum von Krieg, Zerstö-

rung und Menschheitsverbrechen und beruht auf der Überzeugung, dass die europäischen Staaten gemeinsam in der
Lage sind, diese Vergangenheit zu überwinden und die wachsenden Herausforderungen der Gegenwart und Zukunft zu
bestehen. Das setzt allerdings voraus, dass Menschen bereit
sind, aus der Geschichte zu lernen und diese Lehren als eine
Orientierung für die Zukunft zu verinnerlichen.

Die EU ist eine Staatengemeinschaft, die die Selbststän-
digkeit und Differenz der einzelnen Staaten unterstützt. Das
Symbol der EU ist der Sternenkreis. Alle Sterne sind deutlich voneinander abgehoben, alle sind gleich groß, und jeder
ist gleich weit vom Zentrum entfernt. Lange Zeit haben wir
dieses Motiv im Rahmen der offiziellen Integrationsrhetorik
der EU als ein Symbol für ‹Einheit in der Vielfalt› und damit
als ein Bild prästabilisierter Harmonie gesehen. Das ist inzwischen nicht mehr möglich. Was immer deutlicher auf-
fällt, ist die leere Mitte des Emblems. Wenn das Zentrum
wirklich leer bleibt, dann steht der Zusammenhalt der EU
auf dem Spiel. Deshalb müssen wir uns heute mit viel größe-
rem Ernst fragen: Was hält die Sterne eigentlich noch zusammen und davon ab, aus ihrer Kreisbahn zu treten, zu ent-
gleisen und auseinanderzufallen? Diese Frage ist immer
drängender geworden in einer Zeit, da transnationale Solidarität bröckelt und die zentrifugale Kraft von Nationalismen
zunimmt. Was könnte als verbindende Kraft in der Mitte des
Symbols stehen?

Es ist offensichtlich, was bisher im leeren Zentrum des
Symbols gestanden hat: der Euro. Die EU ist als Wirtschafts-
union gestartet und war nach dem Ende des Kommunismus
eine erfolgreiche Maschine zur Liberalisierung der Wirtschaft. Die Finanzkrise von 2008 hat allerdings die Konjunktur gedämpft, langfristige Verschuldungen erzeugt und dabei

die Unterschiede zwischen Nord- und Südeuropa schmerzhaft hervortreten lassen. Auf diese Entwicklung ist Jürgen Habermas 2018 in einer Dankesrede anlässlich der Verleihung des Deutsch-Französischen Medienpreises in Berlin eingegangen und hat dabei das positive Selbstbild der Deutschen als gute Europäer in ein kritisches Licht gerückt.[6] Sein Thema war die mangelnde Kooperationsbereitschaft der deutschen Regierung innerhalb der EU und ihr «unverfrorener nationaler Wirtschaftsegoismus». Als Philosoph erläuterte Habermas das Problem mit der begrifflichen Differenzierung zwischen Loyalität und Solidarität. Während politische Alleingänge Gefolgschaft im Sinne der Loyalität verlangen, erfordert gemeinsames politisches Handeln eher Solidarität. Darunter versteht er «die reziprok vertrauensvolle Beziehung zwischen Akteuren, die sich aus freien Stücken an ein gemeinsames politisches Handeln binden. (...) Wer sich solidarisch verhält, ist bereit, sowohl im langfristigen Eigeninteresse wie im Vertrauen darauf, dass sich der andere in ähnlichen Situationen ebenso verhalten wird, kurzfristig Nachteile in Kauf zu nehmen. Reziprokes Vertrauen, in unserem Fall: Vertrauen über nationale Grenzen hinweg, ist eine ebenso wichtige Variable wie das langfristige Eigeninteresse.» Gegen die Kleinmütigkeit und den Opportunismus kurzfristiger Machterhaltung plädiert Habermas deshalb für eine politische Euro-Union, in der die ökonomisch und politisch stärksten Mitglieder Ungleichheit abbauen und «das gebrochene Versprechen der gemeinsamen Währung auf konvergente wirtschaftliche Entwicklungen» einlösen. Erst damit, so Habermas, wäre die Schwelle von einem nationalen zu einem trans- und supranationalen Denken und Handeln überschritten, bei dem die Bürger «auch über nationale Grenzen hinweg gegenseitig die Perspektive der jeweils anderen übernehmen». In dieser Erweiterung der Perspektive und des Bewusstseins der Bürger sowie des politischen Willens auf den europäischen Raum sieht Habermas gerade auch einen Schutz der Nationen, die heute zunehmend «von politisch unbeherrschten funktionalen Imperativen eines weltweiten, von unregulierten Finanzmärkten angetriebenen Kapitalismus überwältigt» werden. In der Zeit der Entfesselung eines neoliberalen Kapitalismus und der Konzentration von Reichtum und Macht in den Händen von immer weniger Menschen könnte die Wirtschaftsgemeinschaft der EU als ein alternatives Modell an Bedeutung gewinnen, weil sie die Solidarität stärkt und in einer Ära der globalen Privatisierung von Eigentum die Nationalstaaten stützt.

Es ist oft davon die Rede, dass das Projekt der Moderne ein offenes, ‹unvollendetes› Projekt ist, das in Bewegung bleibt, indem es auf seine eigenen Krisen, Fehlentwicklungen und Enttäuschungen reagiert. Entsprechendes gilt auch für das Projekt Europa und den nur zum Teil geplanten, sich aus vielen Schritten entwickelnden Prozess der europäischen Integration, der sein eigenes dramatisches Scheitern in produktive Bausteine verwandelt hat. Wolf Lepenies warnt allerdings, dass der Konsens über dieses Projekt derzeit durch eine «Fundamentalopposition gegen die EU» gefährdet ist: Wer «die Gewaltenteilung aufhebt, die Justiz manipuliert, die Pressefreiheit einschränkt, die Kultur gleichschaltet und die Wissenschaft drangsaliert, distanziert sich damit nicht nur von der Europäischen Union, sondern verabschiedet sich vom Europa der Aufklärung».[7]

Die EU hat es bislang versäumt, sich als eine ‹vorgestellte Gemeinschaft› zu konstituieren und ein klar kommunizierbares Selbst- und Leitbild zu erfinden. Alle Symbole dieses supranationalen Verbandes sind eher blass geblieben: Die

Geschichte der EU ist den heutigen Jugendlichen kaum bekannt, und wer kann schon Robert Schuman, den Begründer und Visionär des neuen Europa, von dem Komponisten des 19. Jahrhunderts unterscheiden? Gewiss fehlt es nicht an wichtigen Impulsen in dieser Richtung. Seit 2017 gibt es in Brüssel ein ‹Haus der Europäischen Geschichte›, das einen transnationalen Blick auf die europäische Geschichte seit der Französischen Revolution einübt. Ebenfalls 2017 erschien ein beeindruckendes Kollektivwerk mit dem Titel *Europa – Notre Histoire*, das den Europäern ihre Geschichte auf 1385 Seiten in 149 Kapiteln von 109 Autoren nahebringt.[8] Dieses Buch ist eine beeindruckende Anleitung zu einem europäischen ‹Wir›. Es bietet einen Spiegel, in den die Europäer schauen können, um sich eingehender kennenzulernen und dialogisch aufeinander einstellen zu können.

Doch diese beiden eindrucksvollen Großprojekte, das Museum in Brüssel und die gemeinsame Publikation, machen noch einmal deutlich, dass ein europäisches Master-Narrativ nicht in Sicht ist und dass es ein solches Narrativ auch nicht geben kann. Das heißt aber nicht, dass diese Geschichte langsam aus dem Gedächtnis entschwindet oder Europa davor die Augen verschließen kann. Ohne ein gemeinsames Wissen von der doppelten Gründung Europas, zuerst nach 1945 aus der Zerstörung durch den Zweiten Weltkrieg und der Ermordung der Juden und später nach 1989 aus weiteren 40 Jahren Sowjetdiktatur, kann Europa nicht existieren, keine Krisen bewältigen und sich nicht erneuern. Ohne eine europäische Verständigung über diese Geschichte und ihre bis heute anhaltenden Folgen ist es unmöglich, einen gemeinsamen Richtungssinn – und nichts anderes heißt ja Orientierung – in der aktuellen Krise zu entwickeln und eine gemeinsame Zukunft zu gewinnen.

Ein Anhaltspunkt für die Verständigung der Mitgliedstaaten über das ‹Projekt Europa› könnten zentrale Lehren sein, die die EU aus der Geschichte gelernt hat und nicht wieder aufgeben möchte. Während die Geschichte selbst unüberschaubar komplex und multiperspektiv gebrochen ist, besitzen diese Lehren eine unmittelbare Evidenz und sind an einer Hand aufzuzählen. Sie sind auch nicht neu, aber sie sind bisher unter rhetorischen Formeln begraben, die sich durch stete Wiederholung entleert haben. Erst wenn wir ihre historische Besonderheit und aktuelle Relevanz wieder freilegen, können wir ihr großes Potential als eine verbindliche Orientierungsgrundlage würdigen.

«Die Geschichte lehrt dauernd, aber sie findet keine Schüler», lautet ein oft zitierter Satz von Ingeborg Bachmann. Ich wollte zeigen, dass die Geschichte hier und da doch einige Schüler findet, wie zum Beispiel unter den Europäern nach dem Zweiten Weltkrieg. Damals waren die Bedingungen für das Lernen aus der Geschichte besonders gut, denn man hatte zwei Mal erlebt, wie die gemeinsame Welt zusammengebrochen war. Aus dieser traumatischen Erfahrung entstand die starke Motivation, neu anzufangen und es besser zu machen. Am meisten hatten natürlich die Deutschen zu lernen, deren Kriegsführung und Menschheitsverbrechen am meisten zur allgemeinen Zerstörung beigetragen haben. Dass die Deutschen nach 1945 nicht isoliert dastanden, sondern zwecks Resozialisierung umgehend wieder in eine europäische Gemeinschaft aufgenommen wurden, grenzte an ein Wunder. Diese europäische Gemeinschaft hat, was heute viel zu wenig beachtet wird, nicht nur den wirtschaftlichen Wiederaufbau betrieben, sondern auch entscheidende Lektionen aus der Geschichte gelernt.

Zweiter Teil: Fallbeispiele

1. Lehre: Friedenssicherung

Der 8. und der 9. Mai –
Zwei europäische Gedenktage?

Am 9. Mai 1950 schlug der französische Außenminister Robert Schuman, der deutsche Wurzeln hatte und während der nationalsozialistischen Besetzung Frankreichs im Widerstand gekämpft hatte, in einer historischen Rede die europäische Produktionsgemeinschaft der Kohle- und Stahlindustrie vor. Der 9. Mai gilt deshalb als Grundstein der Europäischen Union. Für diesen Feiertag ist zwar immer wieder geworben worden, aber er konnte sich in der Bevölkerung der Mitgliedstaaten nie wirklich durchsetzen. Das mag auch daran liegen, dass er in der Erinnerung durch das Kriegsende in Deutschland mit der bedingungslosen Kapitulation vom 7.–9. Mai in den Schatten gestellt wird. Anders als der 9. Mai 1950, der Tag der Gründung der EU, hat der 8. Mai 1945 in Deutschland tiefe Spuren im biographischen Erfahrungs- und Familiengedächtnis hinterlassen, auch wenn seine Deutung längere Zeit umstritten war.

Der 8. bzw. 9. Mai 1945 wurde von den Alliierten, die den Sieg über Hitler-Deutschland und die Achsenmächte mit großen Verlusten errungen hatten, auf der ganzen Welt als Freudenfest gefeiert. In den USA, England und Frankreich ging dieses Datum als ‹V-Day› (‹V› für ‹victory›) in die Geschichte ein. Zu einem regelmäßigen Gedenktag ist der Tag während des Kalten Krieges zunächst jedoch nur in der Sowjetunion und den Ländern des Ostblocks geworden. Deutschland war damals ein vergangenheitspolitisch geteiltes Land: Während sich die DDR als Widerstandsstaat in die Gruppe der Sieger einreihte und den 8. Mai bis 1967 jährlich feierte, hatte Willy Brandt 25 Jahre nach Kriegsende mit seinem Antrag im westdeutschen Bundestag, dieses Datum 1970 öffentlich zu feiern, noch keinen Erfolg. «Niederlagen feiert man nicht!», wurde ihm damals entgegengehalten, und: «Schuld und Schande verdienen keine Würdigung!»[1] Es dauerte in Deutschland vier Jahrzehnte, bis Bundespräsident Richard von Weizsäcker in einer historischen Rede an die Nation den (West-)Deutschen am 8. Mai 1985 nahebrachte, an diesen Tag nicht mehr unter dem Vorzeichen der ‹Niederlage›, sondern unter dem Vorzeichen der ‹Befreiung› zu denken.

Aber dieser Gedenktag hat es in sich, denn er vereinigt in sich ganz unterschiedliche, ja konträre Perspektiven auf das Kriegsende. Für die einen symbolisierte er das Ende der Nazizeit, für die anderen das unheroische Ende eines heroischen Kampfes. Keine Frage: Die Gegner und Opfer des Nationalsozialismus haben das Kriegsende an der Seite der Alliierten als ersehnte Befreiung erlebt. Das waren die, die als Einzelne oder Gruppen Widerstand leisteten, ferner die, die durch Ausgrenzung und rassistische Verfolgung in den Konzentrationslagern gequält und ermordet wurden, sowie die, die als Zwangsarbeiter des Regimes versklavt und durch Arbeit vernichtet wurden. Die Mehrheit der Gesellschaft erlebte das

Ende jedoch ganz anders: Sie fühlten sich nicht befreit, sondern in ihrer Ehre gekränkt, beschämt und vernichtend geschlagen. Götz Aly hat diese Ambivalenz des Befreiungsbegriffs erhellend analysiert: «Mit äußerster militärischer Gewalt und unter großen Opfern befreiten die alliierten Armeen in jenen Monaten nicht nur Millionen inhaftierte, versklavte und unterworfene Menschen vom deutschen Terror, sondern auch diejenigen, die diesen Krieg begonnen und verursacht hatten: die Deutschen. Sie mussten von sich selbst befreit werden, und viele verstanden das erst sehr viel später.»[2]

In der Erinnerung an das Kriegsende als Befreiung darf gerade in Deutschland die Frage nach der historischen Verantwortung für Millionen Tote und unermessliches Leid, das Hitlers Vernichtungskrieg über Europa gebracht hat, nicht ausgeblendet werden. In einer Rede anlässlich der Feierstunde im Berliner Bundestag am 8. Mai 2015 erinnerte auch der Historiker Heinrich August Winkler an diesen dunklen Untergrund des ‹Freudentages› der Befreiung und verknüpfte dies mit einem Hinweis auf neue Ausbrüche von Hetze und Gewalt. Das Datum sei eine Mahnung, so Winkler, «die eigentliche Lehre der deutschen Geschichte der Jahre 1933 bis 1945 zu beherzigen: die Verpflichtung, unter allen Umständen die Unantastbarkeit der Würde jedes einzelnen Menschen zu achten».[3]

In Frankreich wurde der 8. Mai seit Kriegsende kontinuierlich gefeiert. Im Gedenkkalender Englands spielt nach wie vor der 11. November 1918, der Tag des Sieges nach dem Ersten Weltkrieg, eine wesentlich größere Rolle. In den Niederlanden wurde der 5. Mai 1945 zum Gedenktag der Befreiung, an die bis heute mit zwei Schweigeminuten gedacht wird. In den Ländern des ehemaligen Ostblocks war die Situation einheitlicher. Hier wurde der 8. Mai zu einem staatlichen Pflichttermin. Nach dem Auseinanderbrechen dieses Staatenbunds erlosch in den ehemaligen Ostblockstaaten das Interesse an dem verordneten ‹Tag der Befreiung›, der nun umgekehrt als Beginn einer neuen Okkupation angesprochen werden konnte. Die wirklichen Tage der Befreiung lagen für diese postkommunistischen Staaten in der Nähe des 9. November 1989. Mit ihrem Beitritt zur EU haben sie das sowjetische Befreiungsnarrativ mit ihren jeweiligen nationalen Befreiungsnarrativen überschrieben.

In Russland fällt der Tag der Kapitulation und des Sieges über Nazi-Deutschland aufgrund einer Zeitverschiebung auf den 9. Mai. Nach dem Zusammenbruch der Sowjetunion musste sich Russland als Nation neu erfinden. Dabei hat sich der heilige Identitätskern des Landes vom ‹Mythos Lenin› auf den ‹Mythos Stalin› verlagert. Der Inbegriff dieses Zentrums, das heute die Einheit der Nation in Russland verbürgt, ist der alte Gedenktag des Sieges Stalins über Nazi-Deutschland, der 9. Mai 1945, der heute nur noch in Russland in der alten Form einer großen Militärparade mit schwerem Kriegsgerät und Aufmärschen, Fahnen und Orden gefeiert wird. Nach der Wende von 1991 lösten sich die Satellitenstaaten der ehemaligen Sowjetunion aus diesem Gedenkverbund. In Polen zum Beispiel wird inzwischen mit besonderer Emphase der europäische 8. Mai statt des russischen 9. Mai begangen.

Nach einer Zeit abflauender Begeisterung für den 9. Mai hat dieser Gedenktag in Russland in den letzten Jahren einen unverhofften Aufschwung erfahren. Der Stolz auf die Rote Armee und den Sieg über Hitler versetzt inzwischen die gesamte russische Bevölkerung in eine Hochstimmung, für die auch eine neue kulturelle Erinnerungspraxis erfunden wurde. Die Zahl der hochdekorierten Veteraninnen und Veteranen, die bisher bei den 9.-Mai-Feiern im Mittelpunkt standen, nimmt mit jedem Jahr ab. Inzwischen füllen die Nachkommen die Reihen auf, die im Gedenkzug mitmarschieren und dabei die Fotos ihrer verstorbenen Väter und Verwandten hochhalten zum Beweis, dass sie nun in deren Fußstapfen treten. Mit dieser neuen Erinnerungspraxis verwandeln sie ein an die körperliche Erfahrung der Akteure gebundenes Kurzzeitgedächtnis in ein nationales Langzeitgedächtnis. Das heroische Siegergedächtnis des 9. Mai hat mit der Übergabe des Staffelstabs an die jüngeren Generationen auch eine neue Aufladung erfahren. Die Heroisierung Stalins und der Kult des Sieges überstrahlen dabei die Erinnerung an Stalins Verbrechen. Die große Beliebtheit des Gedenktags ist auch dadurch zu erklären, dass er den einzigen kontinuierlichen Fixpunkt im historischen Gedächtnis darstellt, den die russische Nation ungebrochen aus der Sowjetzeit übernehmen und weiterpflegen kann.

Der 8. Mai ist ein in sich widersprüchlicher Gedenktag im transnationalen Gedächtnis Europas. Mit seinen gegensätzlichen Konnotationen – ‹Befreiung oder Niederlage?› – und unterschiedlichen Inszenierungsformen – ‹militärische Machtdemonstration oder Friedensfest?› – hat er die Menschen sowohl getrennt als auch verbunden. Die Bundesländer Mecklenburg-Vorpommern und Brandenburg haben den Tag seit 2015 als gesetzlichen Feiertag eingeführt, in anderen Bundesländern wird er nur an ‹runden› Jahrestagen begangen. In Österreich, wo jährlich am Befreiungstag des KZ Mauthausen am 5. Mai ein Gedenktag gegen Gewalt und Rassismus stattfindet, ist der 8. Mai zur symbolischen Beute der deutsch-nationalen Burschenschaften geworden, die diesen Tag am Wiener Heldenplatz am Grabmal des unbekannten Soldaten im Geist der Trauer mit Totenreden und Heldengedenken begehen. Seit dem Jahr 2000 findet an diesem Ort eine Gegenveranstaltung zur Gegenveranstaltung statt, die den 8. Mai als «Fest der Freude» mit Konzerten, Lesungen und Ansprachen feiert. Träger dieser Initiative ist nicht der Staat, sondern KünstlerInnen, Überlebende, WiderstandskämpferInnen und die Zivilgesellschaft. Gespaltener kann man sich die «Wir-Inszenierungen» der Nation nicht vorstellen.

Wie man an diesen Beispielen sieht, ist die symbolische Bedeutung des 8. Mai noch nicht erschöpft. Als ein vielstimmiger europäischer Friedenstag hat er noch nicht ausgedient und hätte das Zeug, den blassen 9. Mai 1950, den Tag der Gründung der EU, zu ersetzen. Dass er dabei vom 9. Mai, dem neu befestigten, zentralen russischen Gedenktag, flankiert wird, macht ihn im Grunde noch aktueller. In Zeiten politischer Polarisierung hält dieser Gedenktag über nationale Grenzen hinweg die Erinnerung an dasselbe historische Ereignis und die wichtige historische Allianz wach und schlägt dabei eine Brücke zwischen der europäischen Friedensfeier und der russischen Siegesfeier.

2014/18 – Die europäische Erinnerung an den Ersten Weltkrieg

Die Staaten der EU sind aus dem Trümmerberg der Weltkriege entstanden, aber diese beiden Kriege spielen in der Erinnerung europäischer Staaten eine unterschiedliche Rolle. Während die nationale Erinnerung in Deutschland im Banne des Zweiten Weltkriegs steht, gibt es Länder wie Frankreich, England oder Belgien, in denen der ‹Große› Krieg von 1914–1918 nach wie vor die zentrale Rolle spielt.

Das wichtigste Datum ist der 11. November um elf Uhr, der Tag des Waffenstillstands, an dem in einigen westeuropäischen Staaten bis heute der Toten dieses Krieges gedacht wird. Das Tragen einer roten Mohnblume ist in England zum Beispiel eine patriotische Pflicht und eine Geste der Identifikation, die inzwischen auch von Einwanderern erwartet wird, die in der Öffentlichkeit auftreten. Just an diesem Tag und in dieser Stunde eröffnen die Deutschen jedes Jahr ihre Karnevalssaison. Auch in Österreich oder Russland war der Erste Weltkrieg aus dem öffentlichen Bewusstsein und zum Teil sogar aus den Geschichtsbüchern weitgehend verschwunden. Die Serben dagegen haben in Sarajewo im August 2014 ein triumphalistisches Gedenken an den Ersten Weltkrieg inszeniert, während in Ungarn der Friede von Trianon 1920, bei dem dieses Land große Teile seines früheren Staatsgebiets verlor, bis heute im Mittelpunkt einer nationalistisch aufgeheizten Gegenerinnerung steht.

Frankreich leistete zum europäischen Gedenkjahr einen besonderen Beitrag. Am 11. November 2014 weihte Präsident François Hollande im Norden Frankreichs in Notre Dame de Lorette in der Nähe der Stadt Arras ein neues Weltkriegsdenkmal ein. In seiner Ansprache sagte er lakonisch: «Menschen aus aller Welt kamen hierher, um zu sterben.» Die riesige Anlage heißt ‹Ring der Erinnerung› und enthält die Namen von 580 000 ‹getöteten› Soldaten (von ‹Gefallenen› ist heute nicht mehr die Rede). Das absolut Ungewöhnliche an diesem neuen Denkmal besteht darin, dass die Namen aller dort Umgekommenen in alphabetischer Reihenfolge aufgelistet sind. Damit ist der ehemals verbindende Zusammenhang der Nationen und Regimenter bewusst zerrissen; sie alle sind in der demokratischen Brüderlichkeit des Todes in einem gemeinsamen Gedenken miteinander vereinigt.

Damit hat Präsident Hollande ein transnationales Monument geschaffen, in dem die gemeinsame Trauer über die Sinnlosigkeit dieses Krieges und seine unfassbaren Verluste im Mittelpunkt steht.

Beim Gedenken spielt auch die Zeit eine wichtige Rolle. Als Jacques Chirac 1998 nach 80 Jahren den Waffenstillstand von 1918 zelebrierte und sich bei dieser Gelegenheit für «eine gemeinsame Geschichte der kämpfenden Nationen» einsetzte, wurde er dafür noch heftig angegriffen. Es war zu diesem Zeitpunkt noch tabu, die Namen der eigenen Soldaten mit denen der Gegner in einem Atemzug zu nennen.[4] Was zu Chiracs Zeiten noch undenkbar war, hat Hollande umgesetzt. Sein ‹Ring der Erinnerung› ist ein emphatisch europäisches Denkmal; in der transnationalen und postheroischen Perspektive ist es zugleich ein emphatisches Friedensdenkmal, denn es ist geschaffen für ein europäisches ‹Wir›, das die gefallenen Soldaten als ‹unsere Toten› gemeinsam betrauert und damit die religiöse Symbolik des ‹Opfers› und ‹heiligen Krieges› überwindet. Dieses Gedenkangebot wurde von den europäischen Partnern bisher allerdings noch nicht angenommen: Aus England kamen weder David Cameron noch Prinz Charles zur Einweihung; aber auch Angela Merkel war nicht dabei, die sich bei diesem europäischen Akt von ihrer Verteidigungsministerin vertreten ließ.

Es gab gute Gründe, warum David Cameron nicht zur Einweihung dieses Denkmals kam. Diese Gründe liegen in Haltungen, die in tieferen nationalen und kolonialen Bindungen gründen und eine gemeinsame europäische Orientierung in der Kommemoration vorerst noch verhindern. Diese Gründe finden sich in einer Rede des britischen Premierministers, die er 2012 im Imperial War Museum hielt. In dieser Rede erläuterte Cameron seine Pläne für die Gestaltung des Supergedenkjahrs 2014.⁵ Er räumte ein, dass die lebendige Erinnerung an den Ersten Weltkrieg bereits verschwunden sei und auch sein eigenes Familiengedächtnis nicht weiter als bis zum Zweiten Weltkrieg zurückreiche. Dennoch versprach er, eine Zukunft zu schaffen für die Toten des ‹Great War› und «die unglaublichen Geschichten von Mut, Anstrengung und Opferbereitschaft».⁶ Und er fügte hinzu: «Ich glaube leidenschaftlich daran, dass wir an diesem Erbe festhalten und es an nachfolgende Generationen weitergeben sollten.» Das ist leichter gesagt als getan. Cameron meinte es jedoch ernst. Er ließ seine Zuhörer wissen, dass er 50 Millionen Pfund in das Kommemorationsjahr investieren werde. Deshalb musste er als Nächstes die Frage beantworten: «warum sollten wir dem Gedenken eine solche Priorität einräumen, wenn das Geld knapp und niemand mehr von der Generation des Ersten Weltkriegs übrig ist?» In seiner Antwort nannte Cameron «den Umfang des Opfers», «die Länge und das Gewicht des Traumas», seine historische Bedeutung und die anhaltende emotionale Bindung an dieses Ereignis. All das fasste er mit den Worten zusammen: «Es ist etwas am Ersten Weltkrieg, das ihn zu einem grundlegenden Bestandteil unseres nationalen Bewusstseins macht.»

In seiner Rede machte Cameron deshalb ein öffentliches Versprechen. Er werde «ein dauerhaftes kulturelles und schulisches Erbe einrichten (...), um sicherzustellen, dass das Opfer und der Dienst *(sacrifice and service)* von vor 100 Jahren noch in weiteren 100 Jahren erinnert werden». ‹Opfer und Dienst› sind der Kern des «wahren nationalen Gedenkens» (die Formulierung taucht in seiner Rede viermal auf), das zu verlängern er sich verpflichtete. Er nannte und würdigte dabei alle kolonialen Truppen, die er in dieses inklusive ‹Wir› des britischen nationalen Gedächtnisses aufnahm. Damit bekannte er sich noch einmal zu einem imperialen Gedächtnis, ohne jedoch anzuerkennen, dass sich die ANZAC-Truppen aus Australien und Neuseeland an den Ersten Weltkrieg längst im Rahmen eines eigenen kollektiven Gedächtnisses erinnern und, das ist der entscheidende Punkt, diese Erinnerung inzwischen zum Ursprung ihrer eigenen nationalen Identität gemacht haben. Ein einheitliches Gedenken des Commonwealth war, wie sich zeigte, nicht mehr so einfach möglich. Vor allem aber überging Cameron in seiner Rede vollkommen die ehemaligen Alliierten und gegenwärtigen Partner in der EU. Von neu gewonnenen Bindungen war in dieser britischen Gedenkplanung nicht die Rede. Im Gegenteil klingt Camerons Beschwörung eines umfassenden kolonialen Gedenkens eher wie ein Veto gegen die Möglichkeit eines gemeinsamen oder zumindest verknüpften europäischen Gedächtnisses an den Ersten Weltkrieg. Bereits vier Jahre vor dem Brexit hatte Europa als Bezugsgröße keinen Platz mehr in diesem britischen Geschichtsbild. Angesichts der Vielfalt der Perspektiven wird es sicher keine europäische Meistererzählung dieser gemeinsamen Urkatastrophe geben. Aber vielleicht besteht die Chance eines Gedenkjahrs ja gar nicht in dem Zusammenschluss der Perspektiven, sondern in der Möglichkeit, gegenseitig mehr über die Erinnerungen der europäischen Nachbarn zu lernen.

In Deutschland wirkte der Aufruf zur Erinnerung an den Ersten Weltkrieg wie ein Wecker, weil im Bewusstsein der Gesellschaft der Erste Weltkrieg vergessen und tief unter dem Zweiten begraben war. Man nahm diesen Impuls aber gerne auf und stellte sich mit Ausstellungen, Medienangeboten, historischen Publikationen und vor allem mit erhitzten Debatten um die Frage der Kriegsschuld auf das Ereignis ein. Obendrein gab es eine Menge lokaler Initiativen, die das vergessene Ereignis in die eigene Region und Erfahrungswelt zurückholten. Niemand hätte diese ‹Gedenk-Lawine› (Jay Winter) so vorhersagen können.[7] Besonders beeindruckend war das multimediale Projekt «14 – Tagebücher des Ersten Weltkriegs», das einen neuen europäischen Blick auf die Geschichte des Ersten Weltkriegs bot. Das Projekt hatte einen langen Vorlauf im Archiv, wo ein internationales Team aus über tausend Tagebüchern und Briefen berühmter und weniger berühmter Zeitgenossen des Ersten Weltkriegs Erfahrungsberichte aus erster Hand zusammentrug und sie in einer mehrteiligen Fernsehserie (plus Internetauftritt) für unterschiedliche Generationen als eine vielstimmige Beziehungsgeschichte audiovisuell aufbereitete. In Ergänzung zu Präsident Hollandes europäischem Denkmal für die gemeinsamen Toten des Weltkriegs wurden hier 14 individuelle Lebensgeschichten aus sieben Nationen in die Erinnerung zurückgeholt. Damit wurde ebenfalls ein transnationaler Rahmen für gemeinsame Aufmerksamkeit und Anteilnahme geschaffen, der den Nachgeborenen nach dem Ende des kommunikativen Familiengedächtnisses eine persönliche und empathische Auseinandersetzung mit dieser Geschichte ermöglichte.[8]

Die Zeitspanne von 100 Jahren hat nicht nur einen abstrakten Zahlenwert, sondern verweist auch auf eine wichtige biologische, soziale und kulturelle Zäsur. Nach 80 bis 100 Jahren, wenn sich die Bande lebendiger Erinnerung allmählich auflösen, sinken Ereignisse ins Archiv der Geschichte zurück. Wir können das mit Pierre Nora auch so ausdrücken: Nach drei Generationen löst sich das *Milieu* der verkörperten Erinnerung immer wieder auf und verschwindet spurlos, es sei denn, dass diese Erinnerungen neu eingeschrieben werden in besondere *lieux,* also die Orte, Zeichen, Symbole und Praktiken eines langfristigen kollektiven Gedächtnisses. Mit Blick auf den Ersten Weltkrieg haben wir gerade diese zeitliche Schwelle erreicht, wo die Ereignisse normalerweise als Vergangenheit vergehen. Das Ereignis ist dann nur noch für Historiker von Belang, es sei denn, die Erinnerung wird wieder aufgegriffen, befestigt und neu rekonstruiert. Das französische und britische Beispiel zeigen aber noch etwas anderes: Nach 100 Jahren muss oder kann noch einmal neu entschieden werden, ob und wie eine etablierte Gedenkpraxis abgebrochen, verlängert, erneuert oder verändert weitergeführt wird. Während der eine die politische Gedenkpraxis aus einem nationalen in einen transnationalen Gedenkrahmen überführt hat, hat der andere den eigenen nationalen Rahmen des Commonwealth noch einmal bestätigt.

Jubiläen sind auch so etwas wie ein Rorschach-Test. Tatsächlich konnten wir in den Gedenkjahren 2014/2018 viel über europäische Geschichte und Erinnerung lernen. Sie haben europäische Werte und gemeinsame Emotionen zu Bewusstsein gebracht, aber auch nachhaltig trennende Traumata, Ängste und unterschiedliche Ziele. Denn nach 100 Jahren steht die Geschichtserinnerung auf dem Prüfstand: Man schaut nicht nur *zurück* auf die Ereignisse der Geschichte, sondern auch *voraus* in die Zukunft dieser Erinnerung und macht sich Gedanken über ihre Bedeutung, ihre Formen und ihre Dauer. Denn die Zukunftsorientierung der Erinnerung ist mehr als reine Erhaltung und Fortschreibung des Bestehenden. Die Erinnerung erfordert eine neue Interpretation des Ereignisses in der Gegenwart unter Einbeziehung der aktuellen politischen Konstellationen und der sozialen Emotionen. Auch für ein schon bestehendes kulturelles

Langzeitgedächtnis müssen Staaten und Nationen ihre Erinnerungspraktiken immer wieder überdenken und einen neuen Konsens für die Grundlagen ihrer Zukunft entwickeln. Genau das passierte in den Gedenkjahren 2014/2018: Wir erleben gegenwärtig eine zeitliche Schwelle, an der die Erinnerungen an den Ersten Weltkrieg wiederentdeckt, reinszeniert, überprüft, rekonstruiert, neu verhandelt und umgewandelt werden für die Zukunft. Diese Deutungen und Festlegungen sind allerdings nicht einheitlich.

Jubiläen sind also auch ein wichtiges Stimmungsbarometer für politische Beziehungen und Spannungen. Selbst wenn ein gemeinsames Gedenken nur in Ansätzen stattgefunden hat, kann man aus deutscher Perspektive doch sagen, dass das europäische Gedächtnis mit diesem Gedenkjahr länger und inklusiver geworden ist. Unter der Asche der Konzentrationslager kamen die *killing fields* der Somme und die Soldatenfriedhöfe von Ypern und Verdun als weitere zentrale europäische Erinnerungsorte zum Vorschein. Die Geschichte der EU ging bisher ja nur bis zum Zweiten Weltkrieg zurück. Tatsächlich gründet die EU auf Prinzipien, die erst nach diesem Krieg formuliert wurden wie die Allgemeine Erklärung der Menschenrechte im Jahre 1948 und die Bewertung des Holocaust als gemeinsames historisches Bezugsereignis europäischer Identität. Im Laufe des Gedenkjahrs konnte man jedoch erleben, wie sich der zeitliche und räumliche Rahmen dieser Erinnerung ausdehnte. Die viel beschworene ‹Urkatastrophe› des Ersten Weltkriegs (George Kennan)[9] bildet den Anfangspunkt einer traumatischen Verkettung präzedenzloser Gewaltereignisse, zu denen der Genozid an den Armeniern, die Russische Revolution, ein weiterer Weltkrieg und der Holocaust gehören. Im Gedenkjahr zeigte sich die ganze verschränkte Gewaltgeschichte des

20. Jahrhunderts als ein gesamteuropäisches Erbe. Während die Gründung der EU ganz klein anfing als ein ökonomischer Zusammenschluss zwischen Frankreich und Deutschland, dem sich immer mehr Länder anschlossen, begann die Zerstörung Europas in größtmöglichem Maßstab und veränderte die geopolitische Landkarte tiefgreifend. Diese Materialschlacht setzte nicht nur neue Waffentechnik von unbekannt zerstörerischem Ausmaß ein, sondern wurde auch unter Einsatz aller männlichen Jahrgänge der entsprechenden Altersgruppe einschließlich der Kolonialbevölkerung geschlagen. Die Geschichte Europas ist deshalb von seiner kolonialen Geschichte nicht zu trennen. Dieses Erbe kann man sich nicht aussuchen und auch nicht ausschlagen, aber man kann die Erinnerungen zusammenlegen und das vormals Trennende und Zerstörerische in eine gemeinsame Geschichte überführen.

2. Lehre: Demokratisierung

Deutsche Antworten auf zwei Diktaturen – Ähnlichkeiten und Unterschiede

Die deutsche Geschichte im 20. Jahrhundert hat nacheinander gleich zwei Diktaturen erlebt, eine nationalsozialistische und eine kommunistische. Die Rede von den ‹zwei deutschen Diktaturen› ist jedoch heikel; wer diese Formel gebraucht, macht sich – so die Kritiker – bereits der Verharmlosung und des Relativismus schuldig. Sie befürchten, dass die Formel historische Differenzen der Ideologie und der Gewaltausübung auf unzulässige Weise einebnet. «Der bloße Vergleich des Dritten Reiches mit der DDR ist eine schreckliche Verharmlosung», kommentierte Margherita von Brentano. «Das Dritte Reich hinterließ Berge von Leichen; die DDR hinterließ Berge von Karteikarten.»[1]

Aus diesen Streitigkeiten hat in der Enquête-Kommission ‹Aufarbeitung von Geschichte und Folgen der SED-Diktatur in Deutschland› der Historiker Bernd Faulenbach herausgeholfen, als er eine praktische Faustregel vorschlug, die eine Klärung durch Hierarchisierung herbeiführte:

Die SED-Diktatur darf die NS-Diktatur nicht relativieren;
die NS-Diktatur darf die SED-Diktatur nicht trivialisieren.[2]

Es steht somit außer Frage, dass zwischen den beiden Diktaturen große Unterschiede bestehen, die auch leicht zusammenzufassen sind. Kern der NS-Ideologie war ein eliminatorischer Antisemitismus, der dazu führte, dass die Juden und andere Minderheiten systematisch ausgegrenzt und während des Krieges deportiert und vernichtet wurden. Die andere Seite dieser Ausgrenzung war die starke Betonung des einheitlichen Kollektivs einer ethnisch deutschen Volksgemeinschaft, in der individueller Wille nur in dem Maße gefördert und zugelassen wurde, wie er das Kollektiv und den Willen des Führers stützte. Es war also klar vorhersehbar, wer in dieser Diktatur vom Staatsterror getroffen wurde und wer nicht. Widerstandskämpfer und Dissidenten lebten gefährlich, der Rest der Bevölkerung blieb unbehelligt und profitierte von vielen Wohltaten und sozialen Leistungen. In der DDR war das ganz anders; es gab die Mauerschützen, die Willkür der Justiz und viele Repressalien, aber keine historischen Verbrechen gegen die Menschlichkeit vom Range des Holocaust.

Während es im NS-Staat eine klare Einteilung in Täter, Opfer (die Juden), Widerstandskämpfer und Profiteure gab, gab es im SED-Staat eine unsichtbar in Täter und Opfer gespaltene Gesellschaft. Der Staatsterror, der von einer paranoiden Sorge getrieben wurde, die Bürgerinnen und Bürger auf ihrem ideologischen Kurs zu halten, wendete sich hier wie schon zu Stalins Zeiten gegen das eigene Volk. Statt die Bevölkerung bei der Stange zu halten und zu integrieren, baute dieser Staat ein riesiges geheimes Spitzelsystem auf, mit dem er genau das Gegenteil erreichte: die Vertiefung der Trennung zwischen Regimekonformen und Dissidenten bzw. die Spaltung der Gesellschaft in Verfolger und Verfolgte, in Spitzel und Opfer.

Zwei verschiedene Enden der Diktatur: 1945 und 1989

Ein weiterer wichtiger Unterschied zwischen den beiden Diktaturen zeigt sich, wenn wir ihr Ende vergleichen. 1945 waren es die Alliierten, die den Deutschen am 8. Mai mit der Kapitulation zu einem neuen Anfang verholfen haben. ‹Befreit von uns selbst› ist die Formel, die Götz Aly dafür gefunden hat (siehe oben, S. 85). 1945 war keine Niederlage wie 1918, sondern der Tiefpunkt deutscher Geschichte überhaupt: ein Moment der Scham und Schuld angesichts der Bilder von den befreiten Konzentrationslagern, die in der ganzen Welt zirkulierten. Die Nürnberger Prozesse stellten in Deutschland eine rechtsstaatliche Justiz wieder her, um hohe NS-Funktionäre verurteilen zu können. Weil es den Rechtsstaat ja noch nicht gab, mussten die Alliierten einspringen und diese Aufgabe übernehmen. Das ‹Dritte Reich› wurde also zweimal beendet: politisch mit der Kapitulation zuerst in Reims und dann in Berlin-Karlshorst, moralisch in den Nürnberger Prozessen.

Befreit von uns selbst – das war jedoch nicht die Perspektive der gleichzeitig mit der BRD neu gegründeten DDR. An die Stelle der Niederlage trat dort die heroische Erzählung von Sieg und antifaschistischem Widerstand, die in der DDR staatstragend wurde. Damit konnte man sich von Anfang an moralisch gerechtfertigt und an der Seite der Sieger wissen. Zu den wichtigen Mythen der DDR gehörte deshalb der Mythos von der Selbstbefreiung des KZ Buchenwald durch die kommunistischen Häftlinge.[3] Dieser Gedanke prägte auch die heroische Erzählung der monumentalen Gedenkanlage, die der Staat 1958 neben dem historischen Ort des KZ Buchenwald errichtete.

In Westdeutschland versuchte Generalstaatsanwalt Fritz Bauer, mit seinen Auschwitzprozessen diesen Akt der Selbstbefreiung nachzuholen. Sein dringender Wunsch war es, dass der westdeutsche Staat «Gerichtstag hält über sich selbst». Der jüdische Remigrant machte sich aber wenig Illusionen, dass er mit den Prozessen einen Gesinnungswandel in der Öffentlichkeit herbeiführen könnte. Er war in Adenauers Westdeutschland, wo die braunen Funktionseliten sich gegenseitig stützten, ein Einzelkämpfer. Von Fritz Bauer stammt der Satz: «Wenn ich mein Büro verlasse, betrete ich feindliches Ausland.» In einem privaten Brief erklärte er, warum er mit Abwehrhaltung und persönlichen Anfeindungen konfrontiert war: «weil Frau Lieschen Müller und ihre Familie, weil die Herren von Industrie, Justiz usw. wissen, dass mit den 22 Angeklagten im Auschwitzprozess 22 Millionen auf der Anklagebank sitzen.»[4]

Ganz anders vollzog sich dagegen das Ende der DDR. Die Selbstbefreiung, die 1945 nicht möglich war, wurde 1989

auf den Straßen Plauens, Leipzigs, Magdeburgs und anderer
ostdeutscher Städte in Form einer friedlichen Revolution
möglich, als Menschen aus allen gesellschaftlichen Schichten
und Berufen, als Bürgerinnen und Bürger aus Kreisen der
Kirche, als Künstlerinnen und Künstler und andere Dissidenten sich gemeinsam zu den Demonstrationen versam-
melten. Gewiss gab es ermöglichende Rahmenbedingungen
wie gewisse Lockerungen der atmosphärischen Spannung
des Kalten Krieges, es gab das Tauwetter während der Regierung Gorbatschows, es gab ein ‹Zerrinnen der Ideologie des
Kommunismus› und es gab Erosionserscheinungen im politischen System der DDR. Aber es gab eben auch eine entschlossene und mutige Bürgerbewegung, die sich in dieser
historischen Stunde zusammengetan und das repressive Regime zu Fall gebracht hat. Wolfgang Schuller hat gezeigt,
dass dieser Widerstand auch jenseits der großen Zentren
Berlin, Leipzig, Dresden eine starke provinzielle Dynamik
entfaltete und sich aus vielen Einzelinitiativen speiste.[5] In einem Staat, in dem Vereinigungen, die politische Forderungen stellten, automatisch als Staatsfeinde kriminalisiert und
verfolgt wurden, konnte sich der Widerstand nur zivilgesell-
schaftlich formieren über Aktivitäten der Kirche sowie über
Umwelt-, Friedens- und andere Bürgerinitiativen ohne klare
organisatorische Struktur und Konsistenz. Das Motto ‹Wir
sind das Volk!› trifft es sehr gut: Es gab keine ikonischen
Führer oder Helden, weil sich das Volk in dieser Bewegung
tatsächlich selbst repräsentierte. Die Ziele der Demonstran-
ten waren dabei jedoch keineswegs gleichgerichtet; sie vari-
ierten zwischen Reform des Sozialismus, Annäherung an den
Westen und Wiedervereinigung. Geeint wurde die Bewegung vor allem durch den hartnäckigen Freiheitswillen und
den gemeinsamen Mut der Demonstrantinnen und De-

monstranten. Wenn Wolfgang Schuller hier lapidar von der ‹deutschen Revolution› spricht, deutet er damit an, dass 1989 die erste deutsche demokratische Revolution von 1848 nachgeholt und mit historischem Erfolg durchgeführt wurde. Diese Revolution bescherte den Deutschen nicht unbedingt ein triumphalistisches Ereignis wie den Sturm auf die Bastille, aber doch Geschichte im Modus eines Freudenfests. Solche Ereignisse sind nicht so zahlreich in der deutschen Geschichte.

Kommunikatives Beschweigen und demokratische Aufklärung

Ebenso wie die Enden der Diktaturen unterschieden sich auch die Anfänge der deutschen Demokratie nach 1945 und 1990. Die erste Demokratie entstand aus dem Schweigen, die zweite aus der Aufklärung und der Herstellung von Öffentlichkeit. Im Westen Deutschlands herrschte nach 1945 das, was Hermann Lübbe nachträglich das ‹kommunikative Beschweigen› genannt hat (siehe oben, S. 42–43). Damit bezeichnete er einen weitreichenden Konsens in der Bevölkerung, die Biographien ehemaliger NS-Größen und Parteifunktionäre in der westdeutschen Gesellschaft nicht mehr öffentlich zu thematisieren. Derselbe Befund war zuvor unter anderen Beschreibungen wie ‹Schlussstrichpolitik›, ‹kollektives Verdrängen› oder auch ‹die Unfähigkeit zu trauern› diskutiert worden. Mit seinem neutral gemeinten Begriff setzte sich Lübbe in Distanz zu diesen Deutungen und schlug eine funktionalistische Deutung vor.

Genau das muss man sich noch einmal in Erinnerung rufen, um den zweiten Anfang der deutschen Demokratie zu würdigen. Wie repressiv dieses System gewesen war, zeigte sich in seinem ganzen Ausmaß erst nach der Wende, als die Strukturen des Unterdrückungsapparats freigelegt wurden. Diese Freilegung passierte am 15. Januar 1990 mit einem ‹Sturm› (also doch ein Sturm!) auf die Stasi-Zentrale in Ost-Berlin. Die Bundeszentrale für Politische Bildung schildert die Umstände um die Eröffnung der Gauck-Behörde heute so: «Es war ein Vorgang von welthistorischer Bedeutung, als im Dezember 1989 und im Januar 1990 Bürgerinnen und Bürger in der DDR die Zentralen der Geheimpolizei besetzten und die Regierung zwangen, den übermächtigen Apparat ersatzlos aufzulösen. Noch nie zuvor stand das Geheimwissen in Millionen Akten einer demokratischen Öffentlichkeit zur Verfügung.»[6]

Die ersten Bürgerkomitees, die sich an runden Tischen zusammensetzten, hatten eine wichtige Aufgabe: sich gegen die sofort einsetzende Aktenvernichtung in den Stellen der Staatssicherheit zur Wehr zu setzen. (In Parenthese: Von den damals zwecks Spurentilgung geschredderten Akten sind etliche Schnipsel gerettet worden, die heute Gegenstand einer computergesteuerten Wiederzusammensetzung im Fraunhofer-Institut bei München sind. Dort wurde eine Computersoftware entwickelt, die in absehbaren Zeiträumen erledigt, wofür Menschen Jahrhunderte brauchen würden. Der Ingenieur des Fraunhofer-Instituts gilt mit dieser Arbeit als ein Weltpionier und wird inzwischen auch von anderen Ländern angefragt, wo es ebenfalls zerstörte Akten gibt und Informationen aus dem Vergessen zurückgeholt werden sollen. Die Stasiakten sind damit auch ein Monument des Medienwandels – sie entstanden im Reich der Schreibmaschine und reichen hinein in die avancierteste Technik des digitalen Zeitalters.)

Bis zu einer gesetzlichen Regelung des Umgangs mit den

Geheimakten war es dann aber noch ein weiter Weg. Der
erste Schritt war die Gründung der Gauck-Behörde, wie der
«Sonderausschuss zur Kontrolle und Auflösung des Ministeriums für Staatssicherheit» genannt wurde. Die frei gewählte
Volkskammer verabschiedete ein Gesetz zum Umgang mit
den Akten, das aber zunächst in den Einigungsvertrag keinen Eingang fand. Es bedurfte weiterer Drucks seitens der
Bürgerrechtler, die das Archiv besetzten, medienwirksam de-
monstrierten und sogar zeitweise in einen Hungerstreik traten, bevor tatsächlich ein Stasi-Unterlagen-Gesetz im Einigungsvertrag festgeschrieben wurde und Joachim Gauck am
3. Oktober 1990 zum Sonderbeauftragten der Bundesregierung ernannt wurde. Das Stasi-Unterlagen-Gesetz trat im
November 1991 in Kraft, im Januar 1992 nahm die Behörde
ihre Arbeit auf, deren Mitarbeiterzahl später auf 3000 stieg.
Sie bearbeiteten in nunmehr annähernd 25 Jahren mehr als
drei Millionen Anträge und verhalfen den DDR-Bürgern
zur Einsicht in ihre Akten.

Die Mörder / Spitzel sind unter uns:
Die Stasi-Zentrale und die zentrale Stelle Ludwigsburg

Die mit dem Aktenstudium verbundene Transparenz gab
nicht nur den Opfern, sondern auch den Tätern Gesicht,
Namen und Adresse. Dabei ergaben sich zum Teil sehr ver-
störende Beziehungsgeschichten zwischen arglosem Opfer
und getarntem Täter, perverse Geschichten, die in die Privat-
und Intimsphäre der Menschen eindringen und zeigen, wie
das Grundvertrauen zwischen Familie und Freunden vergif-
tet und der soziale Kitt der Gesellschaft systematisch zerbrö-
selt wurde. Sie sind nicht nur Dokumente der gezielten Zerstörung individueller Biographien, sondern auch wichtige

historische Dokumente für das Funktionieren der Mikro-
struktur der Diktatur.

Obwohl die Aufklärung über Täter nicht mit einer direkten Strafverfolgung verbunden ist, ist es für diejenigen, die
hier Einsicht in ihre Akte nehmen, von großer psychologi-
scher Bedeutung, sich mit diesen Geschichten auseinanderzusetzen und, wie es einer von ihnen ausdrückte, «in das Ich
zurückzukehren, das damals im Griff der Stasi war».[7] In dieser Behörde arbeiteten über die Jahre 200 000 registrierte
Stasi-Spitzel. Auch sie wurden vom Staat zu einer Spaltung
ihrer Identität gezwungen, indem sie mit vielen Decknamen
belegt und in ein verächtliches Doppelleben getrieben wurden. Unter dem Druck des repressiven durchbürokratisier-
ten Systems leisteten sie fleißige Arbeit und lieferten pünkt-
lich ihre Berichte ab. Ihre gezielte Arbeit bestand darin, das
Leben und die Kreise, die sich eine gewisse Unabhängigkeit
vom Regime bewahrten, zu ‹zersetzen›. Damit haben diese
Spitzel effektiv zu einer Verlängerung des bereits maroden
politischen Systems beigetragen.

Die endlosen Regale mit Akten und die vielen Schubla-
den mit Karteikarten sind ein eindrucksvolles Denkmal für
den paranoiden Eingriff des Überwachungsstaats in den Alltag seiner Bürger und für die penible und aufwendige Syste-
matik, die er dabei verfolgte. Es liegen Welten zwischen der
Bürokratie der Vernichtung im Kontext des Holocaust und
der Bürokratie der Überwachung von Seiten der SED, aber
eine gewisse Strukturähnlichkeit des obsessiv hypertrophen
bürokratischen Apparats von Diktaturen ist nicht von der
Hand zu weisen.

Der gegenwärtige Leiter der Behörde, Roland Jahn, weist
darauf hin, dass besonders in Berlin, aber auch in anderen
Städten Deutschlands die ehemaligen Stasi-Mitarbeiter mit-

ten unter uns leben. «Und das ist auch gut so», fügt er hinzu, «denn mit der friedlichen Revolution haben wir nicht nur uns selbst befreit, sondern auch unsere Peiniger. Auch sie sollen den Rechtsstaat nutzen – mit Versammlungsfreiheit, Meinungsfreiheit, Reisefreiheit. Natürlich gibt es gerade hier in Berlin vergleichsweise viele ehemalige Stasi-Mitarbeiter, schließlich war der Ostteil jahrzehntelang die Hauptstadt der DDR. Und natürlich verbreiten manche von denen auch Unwahrheiten in Büchern. Aber diese Leute können uns zehn Mal sagen, dass damals alles besser war – die Praxis der Demokratie erlaubt ihnen genau das zu tun, wofür sie früher andere einsperrten.»[8]

Hermann Lübbes These von Stille und Schweigen als Ermöglichung von Demokratie ist sicher nur ein Teil der Wahrheit, denn das Schweigen, das die Täter schützte, schadete den Opfern. Die deutsche Erinnerungskultur beginnt in den 1980er Jahren mit dem Brechen dieses kommunikativen Schweigens und der nachholenden Empathie für die Opfer, deren Geschichten nun erstmals in großem Umfang recherchiert, gesammelt und angehört wurden. Gleichzeitig mit der Frist des ‹kommunikativen Beschweigens›, die sich die Väter- und Tätergeneration in der Bundesrepublik selbst verordnet hatte, wurden in Westdeutschland die NS-Verbrechen neu bewertet. Dazu gehört, dass nach verschiedenen Parlamentsdebatten 1979 die Verjährungsfrist für die Verfolgung von Straftaten aus dieser Epoche aufgehoben wurde.

Es gibt zwei Institutionen, in denen sich die Geschichte der ersten und zweiten deutschen Diktatur spiegelt und in denen diese Geschichte immer noch Gegenwart ist. Denn solange es noch Ansprüche gibt, die abgegolten werden können, so lange bleibt die Vergangenheit immer noch Teil der Gegenwart. Das NS-Pendant zur Stasi-Unterlagen-Behörde ist die ‹Zentrale Stelle der Landesjustizverwaltungen zur Aufklärung nationalsozialistischer Verbrechen› in Ludwigsburg. Diese Dokumentationsstelle wurde 1958 im räumlichen und zeitlichen Umfeld der Ulmer Einsatzgruppen-Prozesse gegründet. Erst mit dieser Institution wurden die Voraussetzungen für eine systematische Dokumentation und Verfolgung der NS-Verbrechen geschaffen. Hier wurden und werden die staatsanwaltlichen Ermittlungen für NS-Gerichtsverfahren vorangetrieben und zusammengeführt. In der aktivsten Phase zwischen 1967 und 1971 stieg die Zahl der Mitarbeiter auf 121, heute sind es noch 19. Die Stelle konnte selbst ermitteln und Informationen weiterreichen, aber sie hatte keine rechtliche Autorität. Es gab einige Fahndungserfolge,[9] aber im Ganzen gesehen blieb die Bilanz der Umsetzung von Informationen in Verfahren und Verurteilungen beschämend gering. Von 6500 SS-Leuten, die in Auschwitz arbeiteten, wurden in der Bundesrepublik nur 29 und in der DDR nur 20 verurteilt. Fritz Bauer dagegen hat mit dieser Behörde ausgezeichnet zusammengearbeitet. Aber ansonsten gab es für die Verfolgung von NS-Straftaten keinen wirklichen Druck, weder von Seiten des Staates noch von Seiten der Bevölkerung. Das größte Hindernis waren aber sicherlich die personellen Kontinuitäten in Justiz und Polizei. Der Bürgermeister von Ludwigsburg zum Beispiel sah die Zentrale Stelle von Anfang an als rufschädigend für seine Stadt.

1973 versuchte Bundespräsident Gustav Heinemann einen Stimmungswandel einzuleiten, indem er einen jährlichen Schüler-Geschichts-Wettbewerb zum Thema ‹Spurensuche› initiierte und dafür die Zentrale Stelle in Ludwigsburg als ‹historischen Lernort› vorschlug. Sie diente über Jahrzehnte auch informell als ein Ort der Selbst-Aufklärung von

Familiengeschichten. Viele Töchter, Söhne und mittlerweile Enkel haben hier mit beklommenem Herzen die 1,7 Millionen Karteikarten durchgeblättert und die Kriegsbiographien ihrer Eltern und Angehörigen recherchiert. Nach über 70 Jahren werden hier nicht mehr viele Strafverfolgungsverfahren anfallen. Dennoch ist man sich einig, dass Ludwigsburg «als Ort des Gedenkens, der Mahnung, der Aufklärung und der Forschung etwa in Form eines Dokumentations-, Forschungs- und Informationszentrums aufrecht erhalten bleiben» soll.[10]

Auch in der Stasi-Unterlagen-Behörde registriert man nach 25 Jahren einen Rückgang der Anfragen. Roland Jahn konnte 2014 noch einen Zuwachs an Anträgen registrieren, die vermehrt aus der zweiten und dritten Generation kamen. Es waren Kinder und Enkel, die ihre Familiengeschichte recherchieren und sich ein Bild von ihren Angehörigen machen wollten, nachdem diese gestorben sind und keine Auskunft mehr geben können. Angesichts dieser Nachfrage wurde der Kreis der Antragsberechtigten ausgeweitet. Inzwischen zeichnet sich aber ab, dass der Zenit der Anfragen wohl überschritten ist. Auch hier stellt sich die Frage nach der Auflösung, Fortsetzung und Umwandlung dieses Archivs. In beiden Fällen könnten die Informationsstellen auf eine Umwandlung in ein Geschichtsmuseum hinauslaufen. Das Haus, in dem sich die Zentrale des Ministeriums für Staatssicherheit befand, ist bereits teilweise zu einem Stasi-Museum umgebaut worden. Dort ist seit 2015 die Dauerausstellung «Staatssicherheit in der SED-Diktatur» zu sehen. Das Museum hat ein Motto, das die Existenz der Stasi-Behörde überdauern wird und sich auch für die Zentrale Stelle Ludwigsburg eignet: «Je besser wir Diktatur begreifen, umso besser können wir Demokratie gestalten.» (Roland Jahn)

Die beiden Diktaturen weisen gewisse Ähnlichkeiten in der Art und Weise auf, wie die Macht in die Privatsphäre der Bürger eindrang und Menschen durch Überwachung in Abhängigkeit hielt und manipulierte. Die nationalsozialistischen Rassengesetze belasteten und vergiften die intimen Beziehungen; es gab keine Schutzräume mehr; die Denunziation zerstörte die Bande der Freundschaft und Familie. In der Art ihrer Überwindung unterschieden sich die beiden deutschen Diktaturen jedoch grundsätzlich; die erste mündete im Westen Deutschlands in eine Demokratie, die von den Alliierten geschenkt wurde, die andere, verspätet, in eine Demokratie, die von den Ostdeutschen selbst errungen wurde, aber, und das ist ein anderes Kapitel, von ihnen nicht wirklich selbst (mit-)gestaltet werden konnte.

Vergessen und Erinnern am Beispiel des Spanischen Bürgerkriegs

Im ersten Teil dieses Buches wurde auf Christian Meiers Studie eingegangen, die das Vergessen als eine wichtige politische und soziale Ressource wieder in Erinnerung gebracht hat. Da eine gemeinsame Gewaltgeschichte besonders nach Bürgerkriegen für einen Staat und eine Gesellschaft eine bedrohliche Altlast darstellt, die wie ein gefährlicher Sprengstoff immer wieder explodieren kann, sind in der Geschichte Mittel erprobt worden, die diese Altlast nachhaltig entschärfen können. Meier hat solche Beispiele in der Geschichte gesammelt und argumentiert, dass diese nicht nur in der Antike, sondern auch in der Gegenwart noch Geltung haben. In diesem Kapitel soll es um den Spanischen Bürgerkrieg gehen und damit um einen Fall, für den nach Meiers These das Vergessen besonders wirkungsvoll und angemessen ist.

Bürgerkriege haben oft nicht nur eine Geschichte, sondern auch eine bewegte Nachgeschichte. Wenn wir uns heute aktuelle Beispiele der Nachgeschichte von Bürgerkriegen vor Augen führen, stellen wir bald fest, dass wir mit einem klaren Entweder-oder zwischen Erinnern oder Vergessen nicht mehr auskommen. Vor allem sind hier die Rahmenbedingungen genauer zu hinterfragen: Von wem geht der Imperativ zum Vergessen aus? Gibt es dafür einen Konsens unter gleichberechtigten Parteien? Welche Selbstentlastung ist mit dem Schweigegebot verbunden? Wie groß und nachhaltig ist die Akzeptanz des verordneten Vergessens? Wenden wir uns mit diesen Fragen einem Land Europas zu, das mittlerweile über 80 Jahre lang mit der Nachgeschichte seines Bürgerkriegs beschäftigt ist.

In Spanien gab es durchaus einen «Pakt des Schweigens» bzw. Vergessens im Sinne von Christian Meier, doch dieser kam nicht am Ende des Bürgerkriegs (1936–1939), sondern erst zeitversetzt fast vier Jahrzehnte später nach dem Ende der Diktatur Francos, das mit dessen Tod im Jahre 1975 besiegelt war. Der Pakt von 1977 sollte den Übergang *(transición)* von der faschistischen Diktatur in die Demokratie abstützen. Dieser Übergang ist als «die Geburt der Demokratie aus dem Geiste der Diktatur» charakterisiert worden.[11] Das ungeschriebene Gesetz des Schweigens amnestierte dabei alle politisch motivierten Straftaten vor 1977. Indem es Straflosigkeit für Verbrechen auf beiden Seiten des Bürgerkriegs garantierte, sollte es symbolisch eine Gleichstellung von Siegern und Besiegten bewirken. Die Option des Vergessens entsprach damals einem breiten gesellschaftlichen Konsens. Man war annähernd vier Jahrzehnte nach dem Ende des Bürgerkriegs bereit, die Altlasten der Vergangenheit ruhen zu lassen, um die neue fragile Demokratie nicht zu belasten und zu gefährden. Diese Demokratie wurde nicht auf einer diskursiven Selbstthematisierung und Selbstkritik gegründet, sondern stand noch lange im Banne der Angst vor dem Rückfall in den totalen Staat.[12] Fragen der Schuld und Trauer wurden deshalb von der zweiten Generation im Dienste der Konsolidierung einer gemeinsamen Zukunft zurückgestellt. Dieser Kompromiss hat jedoch keineswegs zu einer Gleichstellung der im Bürgerkrieg gespaltenen Gesellschaft geführt. «Die ideologische Trennung in Sieger und Verlierer, die das Regime unablässig betonte, hat die Spanier seitdem belastet wie ein Bleigewicht».[13] Anders als in den von Meier zitierten historischen Beispielen hat das verordnete Vergessen in Spanien keinen wirklichen Ausgleich geschaffen, sondern de facto die Macht der Franquisten gestützt und durch Institutionen wie den Verwaltungsapparat, die Streitkräfte und die Justiz in die Demokratie hinein verlängert. In besonderer Weise galt das auch für die Geschichtspolitik des Landes. Der Sieger Franco hatte das Land mit öffentlichen Denkmälern und Symbolsetzungen überzogen, während die Geschichtserfahrung der Republikaner weiterhin keinen öffentlichen Ausdruck fand. Ein Ende des Bürgerkriegs im Sinne eines Gleichgewichts der Mächte und eines gemeinsamen Vergessens hatte hier also nie stattgefunden; vielmehr hatte der Sieger des Bürgerkriegs, General Franco, mit seiner intensiven Geschichtspolitik die Erinnerung an den Bürgerkrieg durch konsequente Unterdrückung und Delegitimierung der Perspektive der besiegten Republikaner systematisch deformiert. Dieses einseitige Geschichtsbild war in Schulbüchern, Monumenten und Jahrestagen etabliert und propagiert worden; historische Untersuchungen und kritische Revisionen dieses manipulierten Geschichtsbilds hatten angesichts der Schließung der Archive keine Chance. Durch

diese eklatante Asymmetrie der Macht wurde der Bürgerkrieg mental und psychisch in die Diktatur und die Diktatur
in die Demokratie hinein verlängert. Der Pakt des Schweigens schützte nicht nur die franquistischen Täter, er setzte
auch das Feindbild der als «Antispanier» und «Rote» verfolgten und ermordeten Kommunisten und Demokraten fort.
Das Gedächtnis der Republikaner, das in der Gesellschaft
keinen Platz hatte, verkapselte sich als inoffizielles und loka-
les Gegengedächtnis in den Familien. Heute kommt eine
neue Phase der Nachgeschichte des Bürgerkriegs in den Ab-
spaltungsbewegungen Kataloniens zum Ausdruck.

Bereits zu Beginn der Demokratie gab es im ländlichen
Raum einzelne Erinnerungsaktivitäten in Gestalt von Exhu-
mierungen von Bürgerkriegsopfern, die auf Äckern, Feldern
und in Straßengräben hastig verscharrt worden waren.
Durch den Pakt des Schweigens und die damit verbundene
Tabuisierung der Schuldfrage erlangten diese privaten Erinnerungsaktivitäten aber kein öffentliches Interesse. Das änderte sich ab Mitte der 1990er Jahre und dann noch einmal
seit 2000, als die Decke des Schweigens immer löchriger
wurde und das republikanische Gegengedächtnis mit seinen
Grabungsaktivitäten die tabuisierte Vergangenheit Skelett
für Skelett freilegte. Dieser neue Erinnerungsimpuls ging
von der dritten Generation aus, die nach ihren Großvätern
suchte und sie im ganzen Land verstreut fand. Man rechnet
damit, dass noch 30 000 Republikaner in Spaniens Erde verscharrt liegen. Die Enkel, die bereits in der Demokratie geboren sind, lösten sich vom Pakt des Schweigens; sie waren
der Überzeugung, dass nicht Vergessen, sondern Erinnern
das Fundament der spanischen Demokratie sein müsse und
die Skelette und Namen der Toten ins Gedächtnis der Familien und der Gesellschaft zurückgeholt werden müssten. Zu

diesem Zweck gründeten sie «Vereine zur Wiedererlangung des historischen Gedächtnisses». Sie haben bis heute auf eigene Faust die Überreste von mehr als 4000 Exekutionsopfern aus der blutigen Phase des Franco-Regimes exhumiert. Man kann die Arbeit dieser selbsternannten Anwälte des historischen Gedächtnisses, die als Archäologen, Anthropologen und Genetiker an der Identifizierung von Francos Toten arbeiten, sehr gut mit den Aktivitäten der Nichtregierungsorganisation «Memorial» vergleichen, deren Mitglieder derzeit in Russland gegen die offizielle Gedenkpolitik des Staates die Opfer Stalins exhumieren und rehabilitieren.[14] Im Gegensatz zu Russland haben diese Aktivitäten in Spanien jedoch einen regelrechten Erinnerungsboom ausgelöst, der sich in den Massenmedien, in Filmen, Literatur und historischer Forschung niederschlägt und auf eine große öffentliche Resonanz stößt.

Aus der Sicht der dritten Generation stellt sich die Frage von Vergessen oder Erinnern neu; sie geht davon aus, dass sich auf Leichenbergen und einem repressiven Schweigen auf Dauer keine Demokratie aufbauen lässt. Der Pakt des Vergessens, den die zweite Generation geschlossen hat, war in den Augen der dritten Generation ein zu hoher Preis. Er hat zwar den Übergang in die Demokratie ermöglicht, aber die schlimme Vergangenheit gerade nicht aufgelöst, sondern die tiefe Spaltung des Landes befestigt. Heute zeigt sich, dass diese traumatische Vergangenheit noch keineswegs vergangen, sondern im Boden und im Familiengedächtnis fest konserviert ist. Aus dieser Latenz kehrt sie nun nach 60 und 70 Jahren wieder in die Gesellschaft zurück.

Ende Oktober 2007, fast 70 Jahre nach Ende des Bürgerkriegs und drei Jahrzehnte nach dem Pakt des Schweigens, kam es zu einer weiteren Wende in der spanischen Geschichtspolitik. Der Ministerpräsident José Luis Zapatero, selbst Enkel eines ermordeten und verschwundenen republikanischen Großvaters, hob das Amnestiegesetz auf, indem er 30 Jahre später ein «Gesetz der historischen Erinnerung» *(Ley de Memoria Histórica)* im Parlament verabschiedete, das die faschistische Diktatur zum ersten Mal öffentlich verurteilte und ihren Opfern Anerkennung und Restitution zusicherte. Zapatero gab damit nicht nur dem inneren Druck der republikanischen Familiengedächtnisse nach, er agierte auch im Rahmen einer erinnerungskulturellen Großwetterlage, in der vermehrt die Verbrechen von Staaten und Diktaturen nach langen Fristen aus der Perspektive der Opfer in die Erinnerung zurückgeholt wurden. Sein Bemühen um einen Ausgleich der Perspektiven in der Erinnerung, das auch die Demontage franquistischer Denkmäler einschloss, rief nun wiederum die Gegenseite auf den Plan, die seine Maßnahmen scharf kritisierte. Auf der Ebene der Politik lebte das Gespenst des Bürgerkriegs als Krieg der Erinnerungen wieder auf. Man warf ihm vor, an alte Wunden zu rühren und den inneren Frieden seines Landes aufs Spiel zu setzen. An eine justizielle Aufklärung der Verbrechen ist in Spanien vorerst nicht zu denken. Der spanische ‹Star-Richter› Baltasar Garzón, der 1998 einen vielbeachteten internationalen Haftbefehl gegen den ehemaligen chilenischen Diktator Augusto Pinochet erließ und der seit 2008 gegen die Verantwortlichen von Morden und Entführungen des Franco-Regimes ermittelt, sitzt inzwischen selbst auf der Anklagebank. Als Kläger treten ultra-rechte Splittergruppen auf, die die Aufarbeitung der Diktatur diskreditieren und dafür volle Unterstützung durch den obersten Gerichtshof erhalten.[15]

Wenn in einem Land eine asymmetrische Situation entsteht, weil die Regierung sich mit Amnestiegesetzen schützt und weigert, die Verantwortung für frühere Regimeverbrechen zu übernehmen, kann inzwischen auch ein anderes Land in den Prozess eingreifen und die Forderung nach Rechenschaftspflicht unterstützen. Dieses Gesetz der ‹universalen Gerichtsbarkeit›, auch ‹Weltrechtsprinzip› genannt, dient der Verhütung von Straflosigkeit und erlaubt es «im Prinzip jedem nationalen Gericht, bei schweren Verstößen gegen das menschenrechtliche Völkerrecht unabhängig von der Nationalität der Täter und Opfer Verfahren einzuleiten».[16] Im Rahmen eines neuen Regimes der Menschenrechte wurde damit vereinbart, «dass Staaten eine logische und moralische Pflicht haben, Personen wegen Vergehen vor Gericht zu bringen, die eine Bedrohung für die internationale Gemeinschaft darstellen. Es wurde sichergestellt, dass kein Land zu einem sicheren Hafen für diejenigen werden sollte, die sich an Genoziden beteiligt hatten. Im Einzelnen wurden unter diesem Begriff aufgelistet: Verbrechen gegen die Menschheit, Hinrichtungen ohne Gerichtsverfahren, Kriegsverbrechen, Folter und gewaltsames Verschwindenlassen.»[17]

Der Internationale Strafgerichtshof (ICC) wurde 2003 in Den Haag gegründet, um eine solche internationale Verantwortung zu übernehmen, aber er ist auf Verbrechen beschränkt, die nach 2002 begangen wurden. Innerhalb dieses neuen globalen Überwachungssystems wurden verschiedene hohe Militärführer, angefangen mit Pinochet, in Spanien für Verbrechen gerichtlich verfolgt, für die sie sich in ihren Heimatländern nicht verantworten mussten. Dieser internationale Druck bewirkte, dass Argentinien 2003 seine Amnestiegesetze annullierte. Wir erleben damit in der westlichen Welt die Heraufkunft neuer transnationaler Standards von Menschenrechtspolitik und universaler Rechtsprechung.

Zwischen Argentinien und Spanien hat sich über die

Jahre der faszinierende Fall eines transnationalen Gedächtnis-Bündnisses entwickelt. Als Argentinien aufgrund seiner Amnestiegesetze noch nicht willens war, sich mit der kriminellen Vergangenheit der eigenen Diktatur auseinanderzusetzen, sprang Spanien ein und nahm sich zwischen 1999 und 2007 im Namen der Opfer der Frage legaler Rechenschaft vor dem nationalen spanischen Gerichtshof an. Als jedoch der Star-Richter Baltasar Garzón versuchte, spanische Verbrechen vor Gericht zu bringen und Anklagen gegen franquistische Grausamkeiten vorbereitete, wurde er 2010 umgehend seines Amtes enthoben. In der von spanischen Gesetzen bestimmten Situation, die Straffreiheit und Immunität garantierten, war es dann umgekehrt der argentinische Gerichtshof, der einsprang und sich der Fälle von Republikanern annahm, die während und nach dem Spanischen Bürgerkrieg zum Verschwinden gebracht wurden und noch immer in Massengräbern verborgen sind.

Es besteht eine enge Verbindung zwischen den Erinnerungsaktivitäten von Menschenrechtsgruppen und Veränderungen transnationaler Gesetzgebung. Ulrike Capdepón hat in ihrer Arbeit über dieses neue internationale Bündnis zur Bearbeitung traumatischer Altlasten in Spanien und Argentinien auf einen weiteren Gedächtnis-Transfer von Argentinien nach Spanien hingewiesen.[18] Dabei geht es um den Begriff ‹desaparecido›, der in den 1970er Jahren entwickelt wurde und in der Bürgerbewegung der ‹Madres de Plaza de Mayo› an Sichtbarkeit gewann. Dieser in der argentinischen Bürgerrechtsbewegung verankerte Begriff hat inzwischen weltweite Aufmerksamkeit und rechtliche Geltung gewonnen. Er kann als eine ‹Erinnerungsfigur› beschrieben werden, die Aufmerksamkeit erregt, Sichtbarkeit schafft, Debatten ankurbelt und Ansprüche unterstützt. Als er nach

Spanien importiert wurde, ersetzte der Begriff dort die euphemistische Sprache der Täter, die von den Verschwundenen als ‹paseados› (Wanderern) gesprochen hatten, und regte eine neue Auseinandersetzung über die 150 000 Republikaner an, die im und nach dem Bürgerkrieg verschwunden waren. Die Einführung der argentinischen Terminologie und Symbolik wirkte als externer Auslöser für spanische Erinnerungen, die unter einer Decke des Schweigens lagen und nun in gesellschaftlichen Diskursen und Debatten wieder auftauchten.

Capdepón beschreibt im Detail, wie eine Zivilgesellschaft von einer anderen durch einen solchen Transfer von Konzepten, Protestformen und Erinnerungspraxen von einem Land und historischem Kontext zum anderen lernen kann. Zusammenfassend schreibt sie: «Die öffentlichen Formen der Bearbeitung historischer Altlasten von extremer Gewalt und Verbrechen gegen die Menschheit haben allmählich einen globalen Zusammenhang gewonnen und neue Formen transatlantischer Verflechtungen, Einflüsse und Bündnisse geschaffen.» Interessant ist dabei, dass in diesem Fall der normative Impuls nicht der kolonialen Bewegung von Europa in Richtung südlicher Hemisphäre folgt, sondern umgekehrt von einer ehemaligen Kolonie auf Europa gerichtet ist. Diese Bewegung wurde tatsächlich als «Bumerang-Effekt» bezeichnet. Die Metapher ist aber unpassend, weil es hier nicht um einen Akt der Gewalt geht, der auf seinen Ursprung zurückfällt. Ich würde hier lieber von der Ausweitung einer «Politik der Reue» sprechen, die auch in Europa verankert ist. Die EU definiert sich ja über ein transnationales Netzwerk der Holocaust-Erinnerung, und es ist sicher kein Zufall, dass Argentinien schon von früh an Mitglied dieses Bündnisses war. Die ermutigende und hoffnungsvolle Entwicklung transnationaler Erinnerungen und Rechtsbündnisse wird freilich noch immer behindert und gedrosselt durch den souveränen Nationalstaat, der es vorzieht, sein nationales Gedächtnis von oben zu verordnen und es dabei im Stil des 19. Jahrhunderts ausschließlich auf die Topoi heroischer Errungenschaften oder kollektiver Opfernarrative zu beschränken, was weder eine Anerkennung der Opfer noch unabhängige historische Untersuchungen zulässt.

Kommen wir noch einmal auf die von Christian Meier gestellte Grundfrage zurück: Stört der Anspruch auf Wahrheit und Gerechtigkeit automatisch den sozialen Frieden? Sind die drei Werte Wahrheit – Gerechtigkeit – Frieden notwendig unvereinbar? Forderungen nach Strafverfolgung und Entschädigung können in der Tat zur Polarisierung und dem Aufreißen alter Wunden führen.[19] Ob dies geschieht oder nicht, hängt jedoch allein von dem kulturellen Rahmen ab, in den diese Forderungen einzubetten sind. Damit die Erinnerung nicht ihr zerstörerisches Potential freisetzt, sondern ihr transformierend integratives Potential entfalten kann, muss dieser Rahmen von der gesamten Gesellschaft getragen sein. Er muss zunächst auf den Konsens gegründet sein, dass solche Erinnerungsarbeit eine notwendige Form zivilgesellschaftlicher, selbstkritischer Auseinandersetzung mit der Vergangenheit ist, die das Land nicht spaltet, sondern im Gegenteil entscheidend zur demokratischen Konsolidierung des Gemeinwesens beiträgt.

In Spanien zeigt sich heute immer deutlicher, was den Drang zum Vergessen und zum Erinnern letztlich anstößt und in Gang hält. Der Drang zum Vergessen geht vordringlich von der Seite der Franquisten aus, die hoffen, dass der Status quo des etablierten Geschichtsbilds nicht revidiert wird und die Verbrechen dieser Seite getilgt sein mögen. Der

Drang zum Erinnern kommt von republikanischen Familien und entspringt in der dritten Generation nach dem Bürgerkrieg keineswegs einem Wunsch nach Rache und Vergeltung, sondern einem nachholenden Bedürfnis nach Ausgleich. In einer von franquistischen Symbolen überzogenen Gedächtnislandschaft sind die Begräbnisstätten der verscharrten Toten die wichtigsten «lieux de mémoire» der republikanischen Seite geworden.[20] Das Bedürfnis der Familienmitglieder und Nachkommen nach Ausgleich setzt die Rehabilitation und Besänftigung der Toten voraus. Sie haben ihre Toten zu betrauern und zu bestatten und diese letzte rituelle Erinnerungspflicht an ihren Angehörigen zu vollziehen. Deshalb exhumieren sie diese Angehörigen jetzt aus den anonymen Gräbern, in denen sie verscharrt wurden, und verhelfen ihnen mit inzwischen sieben Jahrzehnten Verspätung zu einem angemessenen Begräbnis. Mit dieser Pietät eines sozial oder religiös motivierten rituellen Erinnerns wird ein unerträglicher seelischer Zustand beendet und den Toten – und damit auch ihren Nachkommen – Anerkennung und Ruhe zuteil.[21]

Ein versöhnendes Vergessen im Sinne Christian Meiers kann also nur unter ganz bestimmten Bedingungen funktionieren: Es muss symmetrisch beide Parteien zusammenführen und von beiden Seiten als gegenseitige Entlastung erfahren werden. Das war in Spanien aufgrund der erheblichen Zeitverschiebung nie der Fall. Zum anderen waren, wie wir heute sehen, mit dem staatlich verordneten Vergessen Forderungen verbunden, die langfristig mit sozialen und religiösen Grundbedürfnissen kollidieren. Dabei geht es letztlich um die Befriedung der Toten, die einer angemessenen Bestattung bedürfen. Den Kernbereich jeder Kultur bilden elaborierte Verkehrsformen, die den Austausch zwischen Lebenden und Toten regeln. Genau diese zentrale menschliche Aufgabe, die darin besteht, die Toten zur Ruhe zu bringen, ist nach einer Geschichte exzessiver Gewalt aufs Schwerste gestört. Im Falle von Millionen jüdischen Opfern, die vergast, verbrannt und im Wortsinne in Luft aufgelöst wurden, gibt es keine Gräber. Deshalb kann diese Wunde auch nicht geschlossen werden. In Spanien, wie in Diktaturen Südamerikas, ließ man die Opfer verschwinden; sie wurden erschossen und in anonymen Massengräbern verscharrt. An vielen Orten auf der Welt werden heute solche Massengräber geöffnet. Man bemüht sich dabei um eine Identifizierung, Rehabilitierung und würdige Bestattung der anonymen Toten, die auf diese Weise in ihre Familien zurückkehren. Es bleibt die Verantwortung der Gesellschaft und der Familienmitglieder, den Toten diesen letzten Akt der Pietät zu erweisen. Wenn jedoch Familienangehörige verschollen bleiben, ihr Schicksal ungewiss ist, das ihnen zugefügte Unrecht nicht anerkannt wird und sie keinen Ort im Gedächtnis der Nachwelt erhalten, dann produziert solches Vergessen schmerzliche und beunruhigende Leerstellen, die von Gespenstern bevölkert werden. Eine Bereitschaft, sich gemeinsam der Zukunft zu öffnen, kann erst entstehen, wenn diese dringlichen Erinnerungsschulden an die Toten abgegolten sind.

Christian Meier hat in seiner Studie Erfahrungen zusammengestellt, die das Vergessen nach Bürgerkriegen bis heute «als die einzig probate Lösung nahe legen». Und er fährt fort: «es müssen starke neue Argumente oder Motive, vielleicht auch Hoffnungen auf Fortschritt aufkommen, um mit dieser Tradition zu brechen».[22] Die hier vorgestellten Beispiele lassen uns an dieser probaten Lösung zweifeln und das Argument aufkommen, dass die beiden Begriffe «Erinnern» und «Vergessen» aus der Gegensatzposition, in die Meier sie versetzt hat, zu lösen sind, da sich der Umgang mit schlimmer Vergangenheit im Rahmen einer solchen Zwangsalternative weder angemessen beschreiben noch bearbeiten lässt.

3. Lehre: Erinnerungskultur

Die Rolle der 68er für die Aufarbeitung der NS-Vergangenheit

Das Jahr 2018 bescherte uns viele Rückblicke auf 1968. Während nach 40 Jahren zeitlicher Distanz noch Anschuldigungen, Kontroversen und die Selbstkritik der Akteure im Mittelpunkt der Rückschau standen (Götz Aly zum Beispiel betitelte sein 2008 erschienenes Buch mit *Unser Kampf* – in deutlicher Anspielung auf *Mein Kampf*), stand im ehrwürdigen Jubiläumsabstand von 50 Jahren eher die Kanonisierung dieser Generation auf der Agenda. Protest und Revolte sind Impulse, die inzwischen nach rechts abgewandert sind, was die 68er-Bewegung 2018 in ein viel nostalgischeres Licht rückt als noch vor zehn Jahren. In den Medien kamen die Protagonisten noch einmal zu Wort und erschienen als Vertreter und Spender von allem, was uns teuer ist und heute so deutlich fehlt: eine Vision für die Zukunft, eine mitreißende Bewegung, die Befreiung aus Apathie und Erstarrung, die Erneuerung des kritischen Geistes. Zum symbolischen Guthaben der 68er gehört vor allem auch, dass sie die NS-Vergangenheit aufgearbeitet haben. «Ohne diese Bewegung», so äußerte sich Bahman Nirumand in einem Interview, «wäre die Aufklärung über die Vergangenheit Deutschlands nicht möglich gewesen.»[1] Diese These ist nicht falsch, aber sie ist ungenau. Es lohnt sich, hier genauer hinzusehen, weil die

68er-Generation zwar entscheidend an dem beteiligt ist, was man heute ‹Erinnerungskultur› nennt, damit aber keineswegs Ende der 1960er Jahre begonnen hat.

Keine Frage: Diese Generation hat das ‹kommunikative Beschweigen› gebrochen, das über die ersten beiden Jahrzehnte hinweg die Nachkriegsgesellschaft zusammengehalten hat. Sie hat dieses Brechen lautstark und medienwirksam inszeniert – mit ihren Eltern, mit ihren Lehrern, mit der Gesellschaft und mit ihrem Staat. Mit ihrer Wut und ihrem öffentlichen Protest haben die 68er den Mut gehabt, radikale Veränderungen einzuklagen, große Fragen zu stellen und noch größere Antworten zu geben. Wut und Mut ergeben ein explosives Gemisch, das den Treibstoff liefert, wenn nicht für eine Revolution, so doch für eine Revolte.

Gewiss waren das Brechen des Schweigens und die entschlossene Konfrontation der Generation der Alt-Nazis mit ihrer schuldhaften Vergangenheit das Projekt der 68er. Es ist unbestritten, dass sie die braunen Kontinuitäten in der Universität und der Politik aufdeckten und ihre Eltern verurteilten, aber die Auseinandersetzung mit dem Holocaust und das Interesse am Schicksal der Juden kamen erst später. Sie hatten die Weltrevolution im Sinn, daneben blieb für die Aufarbeitung der deutschen Vergangenheit keine Zeit.

20 Jahre später änderte sich das Bild. Als die 68er in die Jahre gekommen waren, Berufe ergriffen und gesellschaftliche Verantwortung übernommen hatten, machten sie die Auseinandersetzung mit der NS-Vergangenheit und dem Holocaust tatsächlich zu ihrem Generationenprojekt. In den 1980er Jahren war der Welt-Befreiungstraum ausgeträumt und die eigene Geschichte kehrte zurück. Nach dem Generationswechsel war es diese Generation, die die Schuld angenommen hat, die die Väter geleugnet und von sich gewiesen

hatten. Mit dem Schritt von der ‹Externalisierung› zur ‹Internalisierung› wurden sie zu den Begründern und Trägern dessen, was wir heute mit dem neuen Wort ‹Erinnerungskultur› bezeichnen.

Ein einsamer (Vor-)Kämpfer für die Opfer des Nationalsozialismus war in den 1950er und 1960er Jahren der aus dem Exil zurückgerufene jüdische Generalstaatsanwalt Fritz Bauer. Er war es, der den Deutschen 1952 überhaupt erst klar machen musste, dass Widerstandskämpfer keine gesinnungslosen Staatsfeinde waren und dass der NS-Staat «kein Rechtsstaat, sondern ein Unrechtsstaat» war.[2] Er hat von 1963 bis 1965 die Auschwitzprozesse organisiert und Adolf Eichmann in Argentinien aufgespürt.

Das ‹kommunikative Schweigen› der Nachkriegszeit konnte Fritz Bauer nicht brechen. Obwohl 1995 in Frankfurt ein ‹Fritz Bauer Institut für Geschichte und Wirkung des Holocaust› gegründet wurde, ist sein Name in der allgemeinen Öffentlichkeit überhaupt erst seit 2014 durch einige Fernseh- und Kinofilme bekannt geworden, die ihn rückwirkend als Helden der Nachkriegszeit aufbauen.[3] Dieses verspätete Echo steht in starkem Kontrast zu seiner Nichtanerkennung zu Lebzeiten. Das hat sich inzwischen geändert. Es gibt Plätze und Schulen, die nach ihm benannt sind. Aber auch dieser Ruhm hat seine Grenzen. Ein Antrag, zum 50. Todestag Fritz Bauers 2018 eine Sondermarke zu drucken, wurde vom Bundesfinanzministerium abgelehnt. Darauf hat ein Privatmann den Künstler Klaus Staeck gebeten, eine Bilddatei zu erstellen, die man sich im Internet herunterladen und selbst ausdrucken kann als neues Beispiel für eine autonome Gedenkpraxis.

Mit ihrem Protest und ihrer Wut haben die 68er vieles in Gang gesetzt, aber zu einer tieferen Beschäftigung mit dem

Nationalsozialismus hat das nicht geführt. Die Feinde, die es weltweit zu bekämpfen galt, hießen Kapitalismus und Imperialismus. Deshalb hießen die Helden dieser Generation Marx und Lenin, Che Guevara und Ho Chi Minh, aber nicht Fritz Bauer. 20 Jahre später änderte sich das Bild. Es begann mit der lokalen Spurensuche im eigenen Land und der Markierung von Orten der Ausgrenzung, Gewalt und Vernichtung. Hinzu kamen sorgfältige Recherchen in Archiven über die Geschichte der deportierten Juden, denen Einladungen an Überlebende folgten, die aus deutschen Städten fliehen mussten. Ende der 1980er Jahre entwickelte eine kleine Bürgerinitiative in Berlin den Anstoß für ein zentrales Holocaust-Mahnmal und Gunter Demnig begann sein großes Projekt mit den kleinen Stolpersteinen.

Parallel zu diesen Initiativen von unten gab es noch einmal einen Versuch, diese Dynamik unterschiedlicher ziviler Erinnerungsgruppen mit einem nationalen Denkmal von oben stillzustellen. Helmut Kohl, der Kanzler der Wiedervereinigung, verfolgte ein eigenes Erinnerungsprojekt, als er das Widerstandsdenkmal der DDR, die Neue Wache, zu einem gesamtdeutschen Gedenkort umbaute. Eine kleine Skulptur von Käthe Kollwitz, die die Künstlerin im Stil einer christlichen Pietà für sich und ihren im Ersten Weltkrieg gefallenen Sohn geschaffen hat, wurde in einen großen Maßstab übersetzt und an diesem Ort des Gedenkens aufgestellt. Das Denkmal ist ‹den Opfern von Krieg und Gewaltherrschaft› gewidmet und wollte damit deutsche Soldaten, zivile Opfer, Widerstandskämpfer und Verfolgte des Naziregimes wie Homosexuelle, Zeugen Jehovas, Juden und Sinti und Roma zusammenbinden. In diesem inklusiven Denkmal gab es keine Täter mehr. Ein universaler Opferbegriff ebnete alle Unterschiede ein und ließ vergessen, von wem die Gewaltherrschaft einmal ausgegangen war. Gleichzeitig war das christliche Symbol der Pietà gerade nicht universal. Die trauernde Mutter, die sich über einen toten Soldaten beugt, konnte nicht mehr für zivile Kriegsopfer und schon gar nicht mehr für die im Holocaust Ermordeten stehen.

Mit dem inklusiven Denkmal hat Helmut Kohl 1993 noch einmal versucht, in einem Akt kollektiver Trauer einen symbolischen Schlussstrich unter die Geschichte des Zweiten Weltkriegs zu ziehen. Diese Stillstellung der Vergangenheit hat das Denkmal aber nicht bewirken können. Das zeigte eine Ausstellung mit dem Titel ‹Vernichtungskrieg. Verbrechen der Wehrmacht 1941 bis 1944›, die das Hamburger Institut für Sozialforschung zwei Jahre später in der Hansestadt eröffnete. Verantwortlich für die Konzeption war Hannes Heer, eine Leitfigur der 68er-Bewegung, der als junger Student auch bei Mai-Demonstrationen in Paris öffentlich aufgetreten war. Wie kein anderes hat dieses Ereignis die Gemüter bewegt und die Entwicklung der deutschen Erinnerungskultur nachhaltig bestimmt, denn die Ausstellung rückte das in den Mittelpunkt, was im allgemeinen Austausch der Kriegserinnerungen sorgfältig ausgespart gewesen war: die Beteiligung der Wehrmacht an Kriegsverbrechen und ihre Verwicklung in den Holocaust.

Diese Ausstellung präsentierte kleinformatige Schwarz-weiß-Fotos mit schwarzgrundigen Texttafeln – an sich nicht unbedingt ein museologisches Erfolgsprogramm. Keine raffinierte Erlebnisausstellung also, die um die Gunst des Publikums buhlte und mediale Attraktionen anbot. Der Ereignischarakter lag allein in der Information, der Konfrontation, der frontalen Aufklärung und der lakonischen Evidenz der Bilder. Ihre im wahrsten Sinne des Wortes durchschlagende Wirkung gewann die Ausstellung durch die Fokussierung auf Fotografien von Kriegsverbrechen aus der Quelle privater Fotoalben. Was hier gezeigt wurde – Bilder von Erhängungen und Erschießungen von Soldaten und Zivilisten durch Angehörige der Wehrmacht – ließ einen Alltag des Krieges hervortreten, der in den Anekdoten der Kriegsheimkehrer nicht vorkam. Die Personen auf den Bildern, die sich mit dem Handwerk des Mordens brüsteten und ihre Toten wie Trophäen vorführten, hatten keine Namen. Sie waren ebenso unscheinbar wie anonym und wurden eben darum zu einem Spiegelbild für die Besucher, die sich in diesen Bildern wiedererkennen sollten. In Shakespeares *Hamlet* überführt der junge Hamlet den Mörder seines Vaters, indem er Claudius den mutmaßlichen Mord an seinem Vater als Theaterstück vorspielen lässt und dabei auf die Wirkung des Zuschauers achtet, der sich alsbald durch seinen unwillkürlichen Wutausbruch als Getroffener outet. Die Ausstellung ‹Verbrechen der Wehrmacht› hatte etwas von dieser Hamlet'schen Versuchsanordnung. Wo immer sie gezeigt wurde, waren Skandale und Empörungsreaktionen an der Tagesordnung. Für die Jugendlichen war die Ausstellung dagegen so etwas wie eine Urszene, deren sekundäre Zeugen sie wurden. Hier ging es nicht mehr nur um die Anklage einer Generation, sondern auch um ein öffentliches Eingeständnis deutscher Schuld.

Der Skandaleffekt wurde mit der Zeit nicht geringer, sondern steigerte sich noch während der Jahre, in denen die Wehrmachtsausstellung gezeigt wurde. Dazu trug auch die Kontroverse über einige Fotos bei, die sich als falsch beschriftet herausstellten. Der Rückzug der Ausstellung, das Moratorium, die Recherche, die Expertenkommission, die Wiedereröffnung, all das nahm viel Platz in den Medien und der gesellschaftlichen Aufmerksamkeit ein.

Der eigentliche Skandal der Ausstellung lag jedoch ganz woanders. Er bestand darin, zwei Gewalt-Komplexe zusammenzuführen, die bisher säuberlich getrennt gehalten wurden: den Zweiten Weltkrieg und den Holocaust. Selbstverständlich bestanden enge Verbindungen zwischen beiden: Der Krieg ermöglichte den Holocaust, der sich in seinem Schatten und Schutz ereignete, wie schon der Genozid an den Armeniern im Schatten des Ersten Weltkriegs stattgefunden hatte. Die Verlängerung des Krieges begünstigte die Judenvernichtung, und als sich die Niederlage abzeichnete, verstärkten sich die Anstrengungen der sogenannten Endlösung in der ‹Aktion Reinhardt›. Die Ausstellung bewirkte aber etwas anderes: die Auflösung einer klaren Grenze zwischen Zweitem Weltkrieg und Holocaust und damit zugleich zwischen der Wehrmacht und der SS. Durch die Amalgamierung dieser beiden Themen wurde die Ausstellung zum emotionalen Explosivstoff. Sie durchschlug den Reizschutz, mit dem sich die deutsche Nachkriegsgesellschaft ausgestattet hatte. Es ging nicht nur um den Mythos von der sauberen Wehrmacht, der hier dekonstruiert wurde, es ging auch um die Schutzbehauptung der deutschen Nachkriegsgesellschaft, von den Verbrechen nichts gewusst zu haben. Die Schuld, die die Älteren empört zurückwiesen und verweigerten, wurde von ihren Kindern angenommen.

Das Wiedererstarken des Rechtsextremismus zeigt allerdings, dass diese Entwicklung auch umkehrbar ist. Das ist die These von Alexandra Senfft, Enkelin eines prominenten Täters, die ein Buch zu diesem Thema aus der Perspektive der dritten Generation veröffentlicht hat. Darin schreibt sie über das schwierige «Wechselspiel von Vernebelung und Aufklärungsversuchen» in den Familien, das sich in Re-Inszenierungen unbewusst weiter fortsetzt. Sie zitiert in diesem

Zusammenhang die Frankfurter Soziologin Lena Inowlocki, die sich seit 30 Jahren mit der rechtsradikalen Rhetorik von Jugendlichen beschäftigt: «Die Wirksamkeit rechtsextremer Behauptungen gründet in einer ganz allgemeinen Vermeidung von biografischer Arbeit an der eigenen Involvierung und verhinderter kommunikativer Emergenz zwischen Generationen in vielen Familien von Erkenntnis, Wissen und Reflexion über Täter und Taten sowie einem Nachvollziehen der Leiderfahrungen der Opfer. Der Aspekt der generationalen Intransigenz, der erstarrten Vermittlung, fehlt aus (ihrer) Sicht in vielen Erklärungsansätzen zum Rechtsextremismus.»[4]

Da Wissen und Fühlen bei diesem Thema immer wieder auseinanderklaffen und Aufklärung auch mit Abwehr und trotziger Re-Identifikation beantwortet wird, reicht es nicht aus, die NS-Zeit in Deutschland nur historisch oder theoretisch zu bearbeiten. Es ist wichtig, «sich auch auf einer persönlichen Ebene mit dem Erbe des Dritten Reiches auseinanderzusetzen und zu erforschen, was die eigene Familie und somit zwangsläufig auch man selbst mit der NS-Zeit zu tun hat».[5] Ein Buch wie das von Alexandra Senfft bietet dafür Konzepte und eine praktische Anleitung an. Das ‹Brechen des Schweigens› ist die zentrale Pathosformel der deutschen Erinnerungsgeschichte. Die Frage ist allerdings, ob sich das tief in diese Geschichte eingenistete Schweigen ein für alle Mal so einfach ‹brechen› lässt. Wir haben es zwar mit einer Geschichte zu tun, die wir jetzt immer besser kennen, aber das schließt nicht aus, dass das Familiengedächtnis von Weichzeichnung, Ausblendungen, Rücksichtnahmen und eben auch trotzigen Identifikationen geprägt bleibt.

Die Ausstellungen über die Verbrechen der Wehrmacht machten noch etwas anderes deutlich. Sie zeigten, dass die

Geschichte nicht nur das Terrain der Historiker ist, die nachträglich die Schauplätze besichtigen, die Quellen studieren und diese mit ihren Fachkollegen diskutieren, sondern auch das Trümmer- und Tummelfeld der Zeitzeugen, die diese Geschichte noch in den Knochen haben. Geschichte ist darüber hinaus die Beute der Medien, die daraus einen gesellschaftlichen Diskurs zimmern, sowie die Verantwortung des Staates, der Geschichtsunterricht an Schulen vorschreibt und Gedenktage organisiert, und nicht zuletzt Sache der Zivilgesellschaft, die sich mit ihrer eigenen Geschichte auseinandersetzt. Auf all diesen Ebenen hat die Ausstellung mit ihrer Breiten- und Tiefenwirkung eine wichtige Rolle gespielt.

Monologisches und dialogisches Erinnern in Europa

Im ersten Teil dieses Buches wurde die neue Erinnerungskultur anhand von fünf Merkmalen kurz vorgestellt. Das fünfte Merkmal lautete: Die neue Erinnerungskultur ist dialogisch. Auf diesen wichtigen Punkt möchte ich hier noch einmal zurückkommen, um ihn angemessen zu entfalten und zu veranschaulichen. Wir beginnen deshalb nicht mit einem einzelnen Beispiel oder einer bestimmten historischen Konstellation, sondern allgemeiner mit der Grundstruktur des nationalen Gedächtnisses und seinen Veränderungen im europäischen Kontext. Das Fallbeispiel findet sich dann am Ende dieses Kapitels.

Der Prototyp der Nation wurde im 19. Jahrhundert entwickelt. Selbstbild und Gründungsmythos der Nation basierten dabei nicht nur auf politischer Souveränität, sondern auch auf kultureller und zum Teil auch ethnischer Differenz. Das nationale Narrativ erinnerte seine Bevölkerung an heroische Akte der Selbstbefreiung im Ausbrechen aus größeren politischen Verbänden, die an Bindungskraft und Legitimation verloren hatten. Der moderne Nationalstaat definierte sich primär über das neue Konzept einer *distinktiven Identität*, die auf Sprache, Territorium, Geschichte oder die Künste gegründet wurde. Unter diesen Voraussetzungen wurde eine neue nationale Geschichte konstruiert, die der Nation eine packende Erzählung über ihren Ursprung und ihre Herkunft anbot. Gleichzeitig wurden die Besonderheiten der Nation in der Kunst, Literatur und Musik des Landes gefeiert, zusammen mit anderen Brauchtumsformen, die das Gefühl der Eigenart der Gruppe markierten und bewahrten.

Der wichtigste Motor dieser Entwicklung war der Stolz des nationalen Kollektivs, das seine Geschichte öffentlich feierte und mithilfe künstlerischer Gestaltungen heilige Ikonen für das eigene Nachleben schuf. Im 19. Jahrhundert entstanden Nationen durch politische Bewegungen und Befreiungskämpfe. Kleinere Einheiten brachen auf diese Weise aus größeren Gebilden heraus, schufen sich ein eigenes kulturelles Selbstbild und forderten politische Autonomie als neues historisches Subjekt auf der neuen Grundlage der Nation als einzig legitimem Repräsentanten eines kollektiven politischen Willens. In diesem politischen Rahmen wurden Nationalstolz und Befreiungskampf zum entscheidenden politischen Antrieb und Auswahlprinzip, um ein gemeinsames Erbe zu definieren. Die meisten dieser neuen Nationen gründeten ihre Existenz auf triumphalistische Erzählungen, andere jedoch kultivierten unvergessliche Niederlagen als identitätsprägende historische Ereignisse wie die Frankokanadier, die Iren, die Polen oder die Serben. So oder so wurde die nationale Identität auf ein heroisches Selbstbild gegründet: Es galt, sich an Helden zu erinnern, auch wenn diesen kein Sieg beschieden war. Zur Ausstattung der neuen Nationen gehörten nicht nur Unabhängigkeitserklärungen und Verfassungen, sondern eben auch ein nationales Gedächtnis, mit dem sich das Kollektiv über die Generationen hinweg an die wichtigen normativen und formativen Ereignisse und Erzählungen seiner Geschichte erinnerte. Pierre Noras Begriff der ‹lieux de mémoire› bezieht sich auf diesen Fundus gemeinsamer öffentlicher, die Gemeinschaft definierender und verstetigender Erinnerungen. Nationsbildung und Erinnerungsbildung gingen dabei Hand in Hand; das eine wurde zur Voraussetzung für das andere.

Gedächtnisrahmen

Ich möchte hier auf den Begriff des ‹sozialen Rahmens› verweisen, den der Soziologe Maurice Halbwachs in die Gedächtnisforschung eingeführt hat. Mit dem Begriff des Rahmens hat Halbwachs drei wichtige Einsichten verbunden. Der Rahmen ist die Gelenkstelle zwischen dem Einzelnen und dem Kollektiv. Der erste Punkt ist deshalb *die Durchlässigkeit zwischen Individuum und Gruppe* im Akt des Erinnerns. Halbwachs betonte, dass man sich erinnert, um zu erzählen, um sich mitzuteilen und dazuzugehören. Den Rahmen übernimmt der Einzelne von der Gruppe, der er sich anschließt: Die Erinnerungen kommen also gewissermaßen von außen, aber sie werden erst wirksam, wenn sie benutzt und internalisiert werden. Mit unseren Erinnerungen, so Halbwachs, sind wir niemals allein. «Es ist nicht notwendig, dass andere Menschen anwesend sind; (...) denn wir tragen stets eine Anzahl unverwechselbarer Personen mit und in uns.»[6]

Sein zweiter Punkt ist *die Ordnungsfunktion des Rahmens.*

Halbwachs' These war, dass erst die Gruppenbindung des Einzelnen Ordnung in den Wust an individuellen Erinnerungen bringt, indem sie diesen Erinnerungen Relevanz und Bedeutung einschreibt. Es ist die Gesellschaft, die dem Einzelnen die jeweils geltenden Auswahl-, Bewertungs- und Deutungsmuster für die eigenen Erinnerungen vorgibt.

Damit hängt der dritte Punkt zusammen: *Der Rahmen organisiert die Dynamik von Erinnern und Vergessen.* Rahmen sind Stützen der Erinnerung, die diese zugleich auch in eine gewisse Form bringen. Durch Übernahme der Perspektiven anderer weitet sich unser Erfahrungs- und Wahrnehmungsraum. Durch gemeinsame Rahmen kann es zu Angleichungen, Verfestigungen und spürbaren Grenzen kommen. Der Rahmen hält das gemeinsame Gedächtnis aber nicht nur zusammen und aufrecht, sondern kontrolliert auch, was eingeschlossen und ausgeschlossen wird. Wie ein Bilderrahmen schließen auch die sozialen Rahmen etwas ein und vieles aus. Je größer und stabiler demnach die Gruppe, desto stärker wird der normative Druck des Rahmens.

Damit sind wir bei der Logik des Vergessens, die von den Gedächtnisrahmen diktiert wird. Sie wird besonders deutlich bei den Rahmen des nationalen Gedächtnisses. In Paris zum Beispiel gibt es unter den Metrostationen solche, die nach den Siegen Napoleons benannt sind wie ‹Iéna› und ‹Austerlitz›. Was undenkbar wäre in Paris, ist eine Metrostation, die den Namen ‹Waterloo› trägt. An dieser Station kann man dagegen in London einsteigen. Mit anderen Worten: Das Siegergedächtnis der Nation erinnert die Siege und ‹vergisst› die Niederlagen. In diesem Sinne hat Ernest Renan bereits nach der Niederlage Frankreichs gegen das Deutsche Reich betont, dass die Identität einer Nation nicht nur darin besteht, was die Angehörigen dieser Nation gemeinsam erinnern, sondern auch in dem, was sie gemeinsam vergessen.

Fragen wir also spezifischer nach den Erinnerungs-Thematisierungsregeln einer Gesellschaft. Worüber kann, soll, darf gesprochen werden und was wird übergangen und ins Schweigen verbannt? Welche Erinnerungen lässt man wieder aufleben, welche behält man für sich? Wofür gibt es Interesse, Aufmerksamkeit, Empathie, was bleibt ausgeschlossen und im Dunkeln? Diese Fragen hängen aufs Engste mit den Emotionen zusammen, die ja die Stütze der Erinnerung sind und ihren Treibstoff bilden. Während Stolz, der Wunsch nach Anerkennung und ein positives Selbstbild die Auswahl des zu Erinnernden bestimmen, sind Gefühle wie Schuld und Scham verantwortlich für die Ausgrenzung und Verdrängung von Gedächtnisinhalten. Nietzsche hat dieses Grundgesetz des Verdrängens erkannt und luzide formuliert:

«Das habe ich getan», sagt mein Gedächtnis.
«Das kann ich nicht getan haben», sagt mein Stolz und bleibt unerbittlich.
Endlich – gibt das Gedächtnis nach.[7]

Es ist sehr schwer, sich gegen diese psychologische Grundregel zu wehren und dem sozialen Konformitätsdruck zu widerstehen. Denn was für den Einzelnen gilt, gilt auch für Wir-Gruppen: Man erinnert und vergisst, um dazuzugehören, und vermeidet tunlichst alles, was den Ausschluss aus der Gruppe nach sich ziehen könnte. Der soziale Rahmen ist somit ein verbindliches Programm, wir können auch sagen: Er wirkt wie ein Filter, der die Auswahl der Erinnerungen steuert und ihre Relevanz bestätigt. Erinnert wird, was die Identität der Gruppe stärkt, und die Identität der Gruppe befestigt die Erinnerungen; mit anderen Worten: Das Verhältnis zwischen Erinnerungen und Identität ist also zirkulär. Wie lange sich diese Rahmen halten und weitergegeben werden, hängt davon ab, ob sie gebraucht werden, das heißt: ob sie dem gewünschten Selbstbild der Gruppe und ihren Zielen entsprechen oder nicht. Ihre Dauer wird nicht dadurch begrenzt, dass die Träger wegsterben, sondern dadurch, dass sie dysfunktional und durch andere ersetzt werden.

Das nationale Gedächtnis wurde im 19. Jahrhundert geschaffen, um die nationale Identität zu stützen und ein positives heroisches Selbstbild zu zelebrieren. Das Prisma des nationalen Gedächtnisses tendiert deshalb stets zur Vereinfachung. «Das kollektive Gedächtnis vereinfacht», schreibt Peter Novick, «es sieht alles aus einer einzigen, emotional besetzten Perspektive. Es kann keine Ambivalenzen aushalten und reduziert Ereignisse zu Archetypen.»[8] In nationalen Gedächtniskonstruktionen verstärken sich mentale Bilder zu Ikonen und Narrative zu Mythen, die mit Überzeugungskraft und emotionalem Gewicht ausgestattet sind. Diese Mythen heben die geschichtliche Erfahrung aus ihren historischen Kontexten heraus und verwandeln sie in zeitlose Erzählungen, die das Selbstbild der Gruppe stärken und von Generation zu Generation weitergegeben werden.

Geschichte verengt sich im nationalen Gedächtnis auf einen ruhmreichen, ehrenwerten oder zumindest akzeptablen Ausschnitt. Angesichts einer schuldhaften oder traumatischen Vergangenheit gibt es üblicherweise überhaupt nur drei sanktionierte Rollen, die das nationale Gedächtnis akzeptieren kann: die des Siegers, der das Böse überwunden hat, die des Widerstandskämpfers und Märtyrers, der gegen das Böse gekämpft hat, und die des Opfers, das das Böse passiv erlitten hat. Was jenseits dieser Positionen und ihrer

Perspektiven liegt, kann gar nicht oder nur sehr schwer zum Gegenstand eines akzeptierten Narrativs werden und wird deshalb auf der offiziellen Ebene ‹vergessen›.

Diesen monologischen Charakter des nationalen Gedächtnisses hat Marc Bloch bereits in den 1920er Jahren kritisiert. Er schrieb: «Hören wir doch endlich damit auf, uns ewig von Nationalgeschichte zu Nationalgeschichte zu unterhalten, ohne uns gegenseitig zu verstehen.» Er sprach, ich habe ihn bereits zitiert, von einem «Dialog unter Schwerhörigen, bei dem jeder völlig verkehrt auf die Fragen des anderen antwortet»[9] (siehe oben, S. 52). Das nationale Gedächtnis existiert im heutigen Europa aber keineswegs mehr in Isolation, sondern ist untrennbar mit anderen nationalen Gedächtnissen verbunden. Der Holocaust ist Teil eines Welt-Gedächtnisses, der Zweite Weltkrieg Teil eines europäischen Gedächtnisses geworden. Offensichtlich kann die europäische Integration nicht wirklich fortschreiten, solange sich die monologischen Gedächtniskonstruktionen weiter verfestigen. Integration und Friedenssicherung erfordern dagegen ein ‹dialogisches Erinnern›. Diese Form des Umgangs mit einer geteilten Gewaltgeschichte ist als große kulturelle und politische Chance im Projekt Europa enthalten. Unter dialogischem Erinnern verstehe ich die wechselseitige Verknüpfung und Aufrasterung allzu einheitlicher Gedächtniskonstruktionen entlang nationaler Grenzen.[10] Die Konstellation der Europäischen Union bietet einen einmaligen Rahmen für den Umbau von monologischen in dialogische Gedächtniskonstruktionen. Richard Sennett hat einmal betont, dass es einer Vielfalt widerstreitender Erinnerungen bedarf, um unangenehme historische Fakten anzuerkennen.[11] Genau darin liegt das besondere Potential, das der europäische Erinnerungsrahmen bereithält.

Die Europäische Union ist selbst eine Folge des Zweiten Weltkriegs und eine Antwort auf ihn. Es wird immer offenkundiger, dass das traumatische Erbe dieser verschränkten Gewaltgeschichte nicht länger in der beschränkten Grammatik traditioneller nationaler Gedächtniskonstruktionen bearbeitet werden kann. In dieser Geschichte gibt es vieles, was die Historiker wissen, was jedoch keinen Platz im nationalen Gedächtnis erhält, weil bisher der Innen- oder Außendruck dazu fehlte. Dazu gehören viele Gräuel des Zweiten Weltkriegs, die die Deutschen an ihren Nachbarn verübt haben, was dort meist sehr gut in Erinnerung behalten wurde. Während die jüdischen Opfer im Rahmen einer internationalen Erinnerungskultur ins allgemeine Bewusstsein gedrungen sind, wissen die nachwachsenden Generationen in Deutschland so gut wie nichts von den polnischen oder russischen Opfern der deutschen Kriegsführung. Während die Bombardierung Dresdens fest im deutschen nationalen Gedächtnis verankert ist, weiß man hierzulande kaum etwas von der Zerstörung Warschaus durch die Deutschen als Vergeltung für den Warschauer Aufstand (1944), der hierzulande meist mit dem durch Brandts Kniefall (1970) berühmt gewordenen Ghetto-Aufstand (1943) verwechselt wird. Auch die Leningrader Blockade von 1941 bis 1944 durch die Wehrmacht, eine der längsten und brutalsten ‹Belagerungen› der neueren Geschichte, hat keinen Platz im deutschen historischen Gedächtnis.[12] Für diejenigen, denen die traumatische Gewalt widerfahren ist, sind diese Ereignisse nicht vergangen, sondern zu einem festen Eintrag im nationalen Gedächtnis geworden. Deshalb machen sie einen erheblichen Teil der Last der Vergangenheit aus und verformen nachhaltig die europäische Binnenkommunikation. Auch sie sind europäische ‹lieux de mémoire›, doch bildeten sie keinen

Schulstoff, fanden kaum Erwähnung in Diskursen und waren ausgeschlossen aus der symbolischen Repräsentation im öffentlichen Raum.

Hier ändert sich aber gerade einiges. Es gibt konkrete Anzeichen, dass das deutsche nationale Gedächtnis allmählich flexibler und komplexer wird. Daniil Granin (1919–2017), Überlebender der Leningrader Blockade, hielt am 27. Januar 2014 im Deutschen Bundestag die Gedenkrede zur Erinnerung an die Opfer des Nationalsozialismus. Er sprach über die 900 Tage der Belagerung Leningrads, bei der annähernd eine Million Menschen verhungerten. An der Leningrader Front hatten sich 1941 Granin und Helmut Schmidt einander gegenübergestanden. 2014 lernten sich die Gleichaltrigen kennen und wurden Freunde.

2017 wurde ein Aufruf an den Deutschen Bundestag und die deutsche Öffentlichkeit für «ein Polen-Denkmal in der Mitte Berlins zum Gedenken an die polnischen Opfer der deutschen Besatzung 1939–1945» gerichtet.[13] Die Unterzeichner erinnerten daran, dass Polen im Zweiten Weltkrieg von den Deutschen nicht nur besetzt wurde, sondern als Nation in diesem Angriffskrieg auch versklavt und vernichtet werden sollte. Unter den Opfern des Nationalsozialismus in Polen waren drei Millionen polnische Juden und drei Millionen nicht-jüdische Polen. Das Denkmal soll auf einer öffentlichen Grünfläche am Askanischen Platz entstehen gegenüber dem künftigen Dokumentationszentrum der Bundesstiftung Flucht, Vertreibung, Versöhnung im Deutschlandhaus.[14] Dort soll das sichtbare Gedenkzeichen einen beziehungsvollen Platz finden in der bereits bestehenden politisch-symbolischen Mitte Berlins. Die Unterzeichner schreiben: «Nur wenn das nicht vergessen und unser zweiter großer Nachbar Polen heute als Nation in seiner ganzen

Würde und Freiheit geachtet wird, kann aus Nachbarschaft Freundschaft werden.» Die Initiatoren betonen auch, dass sie ihren Aufruf «nicht von tagespolitischen Opportunitäten oder der Bewertung der aktuellen polnischen Geschichtspolitik abhängig gemacht sehen wollen».[15]

Während die monologische Erinnerung die eigenen Leiden ins Zentrum stellt, bietet die dialogische Erinnerung ebenfalls Platz für eigenes Leiden, aber sie nimmt auch das den Nachbarn zugefügte Leid mit ins eigene Gedächtnis auf. Dialogisches Erinnern meint keinen auf Dauer gestellten ethischen Erinnerungspakt, sondern das gemeinsame historische Wissen um wechselnde Täter- und Opfer-Konstellationen in einer geteilten traumatischen Gewaltgeschichte. Ein vereinigtes Europa braucht kein einheitliches, wohl aber ein kompatibles europäisches Geschichtsbild. Es geht mir keineswegs um ein vereinheitlichtes europäisches Master-Narrativ, sondern allein um die dialogische Bezogenheit und gegenseitige Anschlussfähigkeit nationaler Geschichtsbilder. Die italienische Historikerin Luisa Passerini hat in diesem Zusammenhang eine wichtige Unterscheidung eingeführt. Sie spricht von ‹shared narratives› (oder geteilten Geschichten) und ‹shareable narratives› im Sinne von anschlussfähigen Geschichten.[16] Dialogisches Erinnern ist im nationalen Gedächtnis verankert, überschreitet jedoch die Grenze der Nationen durch eine transnationale Perspektive. Erst auf der Basis der wechselseitigen Anerkennung von Opfern kann sich der Blick auf eine gemeinsame Zukunft öffnen. Solange allerdings die verengten nationalen Geschichtsbilder dominieren, herrscht in Europa weiterhin ‹ein Dialog unter Schwerhörigen›, um nicht zu sagen: ein schwelender ‹Bürgerkrieg der Erinnerungen›. Aus der Sackgasse heroischer Mythen und Opferkonkurrenz führt allein, um mit Péter Esterházy zu sprechen, «ein geteiltes europäisches Wissen über uns selbst als Täter und Opfer».[17] Das Prinzip des transnationalen dialogischen Erinnerns in Europa hat ein weiterer ungarischer Schriftsteller, nämlich György Konrád, so auf den Punkt gebracht: «Es ist gut, wenn wir Erinnerungen austauschen und erfahren, was die anderen von unseren Geschichten denken. (…) Die gesamte europäische Geschichte ist zusehends Allgemeingut, das für einen jeden ohne die Verpflichtung nationaler oder anderer Befangenheiten zugänglich ist.»[18]

György Konráds Plädoyer für einen transnationalen Umgang mit nationalen Geschichten ist inzwischen zehn Jahre alt. Seine Vision hat sich in der EU seither leider noch nicht verwirklicht, im Gegenteil geht die Entwicklung in einigen Ländern gerade wieder in die andere Richtung, wie ich an einem letzten Beispiel zeigen möchte. Europas Geschichte hat inzwischen ein neues Museum in Brüssel erhalten, das im Mai 2017 eröffnet wurde. Es beginnt mit Europas Eintritt in die Moderne im 19. Jahrhundert, zeigt den Abstieg in Krieg und Zerstörung und endet mit der europäischen Einigung und der «Suche nach einem besseren Leben in einem zunehmend vereinten Europa».[19] Zwei Monate zuvor war im März 2017 ein anderes Europa-Museum eröffnet worden, das den Stier bei den Hörnern packte und den einmaligen Versuch einer europäischen Verständigung über die traumatische Geschichte des Zweiten Weltkriegs unternahm. Dieses Museum, das in Gdansk (Danzig) eröffnet wurde und acht Jahre lang unter der Beratung hochkarätiger internationaler Historiker vorbereitet worden war, wurde bereits nach zwei Wochen schon wieder von der polnischen Regierung geschlossen. Damit wurde es zu einem hoch symbolischen Kampfplatz, auf dem man ‹die geistige europäische Situation unserer Zeit› wie in einem aufgeschlagenen Buch lesen kann.

Das Museum geht auf eine Skizze des polnischen Historikers Paweł Machcewicz zurück, in der er sein Konzept für ein europäisches Museum des Zweiten Weltkriegs niedergelegt hat.[20] Den Anstoß (im doppelten Sinne) für ein solches Projekt hatte ihm Erika Steinbachs lautstarkes Engagement für ein in Berlin geplantes Zentrum gegen Flucht und Vertreibung gegeben, in dem die Geschichte der aus Polen vertriebenen Deutschen ein ‹sichtbares Zeichen› finden sollte. Der damalige polnische Ministerpräsident Donald Tusk wurde auf dieses Konzeptpapier aufmerksam, nahm es begeistert auf, beauftragte Machcewicz mit der Umsetzung und setzte ihn als Gründungsdirektor ein. Tusk gefiel an diesem Entwurf die Idee, die Geschichte des Zeiten Weltkriegs im Modus eines dialogischen Erinnerns als eine europäische Beziehungsgeschichte zu präsentieren. Es sollte

— transnationale Beziehungen darstellen,
— multiperspektivisch ausgerichtet sein,
— zivile Opfer des Krieges würdigen,
— pazifistische Werte vertreten und deshalb
— keine ausschließlich heroisch-militärische Geschichte erzählen.

Kaum war das große Werk von acht Jahren Arbeit vollendet, ließ Jarosław Kaczyński, Vorsitzender der PiS-Partei, das Museum schließen. Sein Schöpfer und Direktor wurde des Amtes enthoben. Dass dieses Museum viele Episoden polnischen Patriotismus und polnischen Leidens zeigte, war der nationalkonservativen Regierung nicht genug. Sie nahm Anstoß daran, dass es auch Szenen gab, in deren Kontext die Polen nicht als Helden, sondern als Täter auftraten. Es ging vor allem um Jedwabne, den Ort eines Massakers von Polen an ihren jüdischen Nachbarn während des Zweiten Weltkriegs, und hier konkret um die Schlüssel der jüdischen Häuser, die in einer Vitrine ausgestellt waren. Fortan soll deshalb das Museum des Zweiten Weltkriegs an ein neues Museum der benachbarten Westerplatte angebunden werden, das zeigt, wie einige polnische Helden, acht Tage lang tapfer Widerstand gegen den deutschen Überfall geleistet haben. Die Logik dieses Museums ist eine völlig andere:

— Es enthält nur eine Perspektive,
— es befestigt den Mythos der Nation, indem es sich ausschließlich
— auf Helden und Märtyrer konzentriert und einen
— heroischen Kult des Krieges feiert.

Das Beispiel zeigt nicht nur anschaulich den Gegensatz von monologischem und dialogischem Erinnern, es wirft auch ein Licht auf das Schicksal von Kunst und Wissenschaft in einer illiberalen Demokratie. Die historische Wahrheit, die dritte Lehre aus der europäischen Geschichte, steht in Polen zurzeit nicht mehr auf der Agenda. Im Gegenteil ist die Referenz ‹Europa› inzwischen in Polen wie auch in Ungarn zu einem Symbol dessen geworden, was abgelehnt wird und zu bekämpfen ist. Eine freie Kunst, Kultur, Bildung und Wissenschaft sind die wichtigsten Stützen einer kritischen Zivilgesellschaft. In Ungarn wie Polen werden diese Pfeiler der Demokratie gerade abgesägt und durch eine Staatskunst ersetzt. Es ist paradox, dass es inzwischen Regierungen in der EU gibt, die das Feindbild Europa auf ihre Fahnen schreiben und mit ihrem Hass auf Europa in ihren Ländern punkten und Wahlen gewinnen können.

Wir sollten allerdings nicht vergessen, dass dieses Streitobjekt, das Museum des Zweiten Weltkriegs, in unmittelbarer Nachbarschaft zu einem weiteren Museum steht, dem

Europäischen Solidarność-Zentrum (ECS) in Danzig (siehe oben, S. 59–61). Während das ‹Machcewicz-Museum› gerade in ein polnisches Nationalmuseum zurückverwandelt werden soll, ist das Solidarność-Zentrum das genaue Gegenteil, nämlich ein erklärtes Europa-Museum mit einem starken Akzent auf den Menschenrechten. Hier zeigen sich in der Museumslandschaft polnische Widersprüche und Konflikte, die politischer Natur sind und von Außenstehenden nicht leicht dekodiert werden können. Deshalb sollen hier noch einige Informationen angefügt werden, die die Hintergründe polnischer Museumsgründungen vielleicht etwas erhellen können.[21]

Im Herbst 2005 kam es zu einem Regierungswechsel in Polen, der zugleich einen fundamentalen Wandel in der polnischen ‹Geschichtspolitik› einleitete. Die Regierung der rechtskonservativen Partei PiS (2005–2007) unter den Zwillingsbrüdern Lech (Präsident) und Jarosław Kaczyński (Ministerpräsident) kam an die Macht und beendete die ‹Politik des Schlussstrichs›, die in vielen postkommunistischen Staaten gegolten und eine entschiedene Dekommunisierung verhindert hatte. Die PiS-Regierung übernahm den Begriff ‹Geschichtspolitik› aus dem deutschen Diskurs und machte ihn zur Grundlage ihrer nationalkonservativen Deutung der Vergangenheit. Im Zentrum dieser Geschichtsdeutung standen drei Themen: der Kampf gegen den Kommunismus, zu dem die Erinnerung an die Solidarność-Bewegung passte, aber auch die Festigung des Polentums, die eine europäische Deutung dieses Ereignisses verunmöglichte, sowie die Stärkung des polnischen Opfermythos, der das Selbstbild der Polen auf die Vorstellung eines «ewigen und unschuldigen Opfers feindlicher Gewalt und fremder Intrigen» festlegt. Mit dieser neuen Geschichtspolitik wollte die PiS-Partei

den Stolz der Polen wieder aufbauen und ein national-patri-
otisches Geschichtsbewusstsein gegen den linksliberalen Eu-
ropa-Diskurs der Vorgängerregierungen durchsetzen, die die
PiS-Partei für den «Verlust der nationalen Einheit» verantwortlich machte. Denn das Projekt Europa war in ihren Augen nichts anderes als eine neue Version der Auslöschung
Polens.

Der Kampf um eine selbstkritische Erinnerungskultur
und das Projekt Europa werden in Polen also bereits seit
2005 ausgetragen. Das Beispiel zeigt zugleich, welche kata-
strophalen Folgen es haben kann, wenn sich eine Regierung
im Modus der ‹Geschichtspolitik› der nationalen Geschichte
annimmt und ein monologisch eindeutiges Narrativ von
oben verordnet. Es zeigt aber auch die Spannungen und Widersprüche, die dabei immer wieder aufbrechen, und den
Streit, der nicht zur Ruhe kommt. Die Beispiele aus Polen
sind vor allem deshalb lehrreich, weil sie deutlich machen,
was bei diesem Streit auf dem Spiel steht, wie prekär das Projekt Europa ist und warum die Arbeit an einer transnationalen Verständigung über die Geschichte Europas so wichtig
ist.

4. Lehre: Menschenrechte

Die vergessene deutsche Migrationsgeschichte

Migration, Flucht und Vertreibung sind keine neuen Erfahrungen. Sie waren auch eine Folge der europäischen Gewaltgeschichte des 20. Jahrhunderts. Nach dem Ersten Weltkrieg
und dem Zusammenbruch des Russischen, Österreichisch-
Ungarischen und Osmanischen Reichs wurden durch die

Friedensverträge neue Staatsgrenzen gezogen, die größere Bevölkerungsverschiebungen und Massenbewegungen einleiteten. Sowohl nach dem Ersten als auch während des Zweiten Weltkriegs spielte die geopolitische Versetzung von Grenzen eine zentrale Rolle. Unter dem Druck kriegerischer Gewalt wurde die Landkarte Europas ständig umgeschrieben, wobei sich die Regime und staatlichen Verfassungen abrupt änderten. In einer Stadt wie Lemberg/Lwiw zum Beispiel haben zwischen 1914 und 1945 die Staatsform und die Regierung sieben Mal gewechselt – mit meist desaströsen, ja letalen Folgen für ihre Bevölkerung.[1] Wo sich über Jahrhunderte Menschen in langfristigen Wanderbewegungen neu angesiedelt und friedlich mit Menschen anderer Herkunft und Kultur zusammengelebt hatten, da wurden von heute auf morgen radikale Änderungen vorgenommen.[2] Das 20. Jahrhundert brach mit angestammten Erfahrungen, Praktiken und Traditionen des multinationalen, multiethnischen und multireligiösen Zusammenlebens. Der Erste Weltkrieg brachte neue Nationalstaaten hervor. ‹Modern› war an der Geopolitik des 20. Jahrhunderts die Erfindung des ethnischen Nationalstaats mit seinem Bedürfnis einer ‹totalen Erneuerung› und der Bereitschaft zu radikalen Lösungen. In diesem Kontext tauchte zum ersten Mal der Begriff ‹Minderheiten› auf, der die alten Schutzrechte und Privilegien der multinationalen Reichsverfassungen beseitigte und ganze Bevölkerungsgruppen zum Ziel ‹ethnischer Säuberungen› machte. Hinter aseptischen Formeln wie der ‹armenischen Frage› oder der ‹jüdischen Frage› verbargen sich neue Formen einer genozidalen Politik, die im Schatten der Kriegswirren durchgezogen wurde, ohne dabei große Aufmerksamkeit auf sich zu ziehen, geschweige denn das Einschreiten anderer Nationen – Stichwort: ‹Weltrechtsprinzip› (siehe oben, S. 114) – zu provozieren.

Nach dem brutalen Eroberungs- und Vernichtungsfeldzug, den die Deutschen mit dem Zweiten Weltkrieg nach Osteuropa getragen hatten, drehte sich Anfang 1945 die Richtung des Geschehens um. Mit dem Vorrücken der Roten Armee nach Westen machte nicht nur die Wehrmacht kehrt, sondern es kehrten auch viele Deutsche zurück, die an osteuropäischen Orten zum Teil seit Jahrhunderten siedelten. Die Ausbreitung der deutschen Siedlungsgebiete entsprach dabei annähernd den jüdischen Siedlungsgebieten, die hier ihre dichteste und längste Geschichte hatten. Als die Deutschen den Weg zurück in die Heimat antraten, war das für die Juden nicht mehr möglich, zum einen, weil sie gar keine angestammte und politisch anerkannte Heimat hatten, in die sie hätten zurückkehren können, und zum anderen, weil sie, sofern sie nicht längst geflohen waren, in diesen osteuropäischen Gebieten mit deutscher bürokratischer Akribie aufgespürt, identifiziert und durch Massenerschießungen in der Nähe größerer Städte wie Riga, Kaunas, Vilnius, Kiew oder durch Vergasung in den dafür eingerichteten Todeslagern umgebracht worden waren.

Das Thema Zwangsmigration ist Inbegriff einer verschränkten Beziehungs-Gewalt-Geschichte, die Bevölkerungsgruppen während des Krieges und nach Kriegsende zwang, ihre Heimat zu verlassen. Deportationen in Todes- und Arbeitslager, Kriegsgefangene, Zwangsarbeiter, Umsiedler und Flüchtlinge waren die emblematischen Opfer jener Jahre. Bilder von Koffern, Schienen, Zügen, Transporten, Bahnsteigen und langen Flüchtlingstrecks sind die Ikonen dieser gewaltförmigen Bewegungen. Die Deutschen haben das Leid von Flucht und Vertreibung erst erfahren, nachdem sie als Nation selbst nach Kräften zu diesem Trauma beigetragen hatten. An die täglichen Deportationen von Juden werden die Nachgeborenen heute durch Stolpersteine erinnert – sie nehmen jetzt nachträglich wahr, wovor die Zeitgenossen und Nachbarn damals die Augen verschlossen und wovon sie später ‹nichts gewusst› haben wollten. In der kataklysmischen Endphase des Krieges stießen gegensätzliche Schicksale hart aufeinander: Dieselben Bomben, die in Dresden die deutsche Bevölkerung trafen, retteten Juden das Leben, die an diesem Tag hätten deportiert werden sollen. Auch das ist ein Fall für dialogisches Erinnern in Europa.

Das nahende Kriegsende setzte rund zehn Millionen deutsche Flüchtlinge und Vertriebene in Bewegung Richtung Westen. Der Historiker Andreas Kossert kommentiert: «Es kamen nicht nur sogenannte Reichsdeutsche aus Ostpreußen, Schlesien oder Pommern, sondern auch Deutsche von der russischen Wolga, aus dem Baltikum, aus Böhmen oder Rumänien, Donauschwaben aus Jugoslawien. Das war eine Mischung von Menschen, die das Schicksal des Heimatverlusts und eine Affinität zur deutschen Sprache und Kultur teilten. Trotzdem waren sie aufgrund von Bräuchen und der konfessionellen Zugehörigkeit sehr unterschiedlich.»[3]

Kossert hat in seinem Buch *Kalte Heimat* die Geschichte der deutschen Vertriebenen im Zusammenhang des Zweiten Weltkriegs und der Nachkriegszeit untersucht.[4] Im Zentrum von Kosserts Buch steht die schmerzliche Erfahrung, dass Menschen, die oft jahrhundertelang an demselben Ort gelebt hatten, plötzlich zur Flucht gezwungen wurden oder als Fremde und rechtlose Staatsfeinde eingestuft wurden, die zur Kennzeichnung Armbinden mit einem N für ‹Niemiec› (Deutscher) tragen mussten (S. 36). Unter diesen Umständen repräsentierten sie die verhassten Deutschen schlechthin und mussten die Bürde der kollektiven Geschichtsschuld tragen, die an ihnen vergolten wurde. Und all das geschah nicht, wie Bertrand Russell damals alarmiert feststellte, «als Akt des Krieges, sondern einer vorsätzlichen Friedenspolitik» (S. 39). Die, die den Fluchtweg nicht erreichten, wurden als ‹lebende Reparationen› zur Zwangsarbeit verurteilt. Der Pazifist Bertrand Russell war damals einer der ganz wenigen, der die ‹Potsdamer Protokolle› kritisierte und auf die damit verbundenen schweren Menschenrechtsverletzungen aufmerksam machte (S. 42). Für diejenigen, die nicht ausgegrenzt, verfolgt und vertrieben wurden, bedeutete dies die Zwangsintegration in Form einer Polonisierung, Rumänisierung usw., die jegliche Spur von Alterität ächtete und unter Strafe stellte.

Zwischen 1,5 und 2 Millionen Deutsche kamen durch Vertreibung und Flucht um. Wer die gefahrenvolle Flucht überlebte, den erwartete damals am Ziel alles andere als eine Willkommenskultur. Das Repertoire der damaligen Reaktionen der Aufnahmegesellschaft weist schockierende Parallelen zur heutigen Situation auf. Die Einheimischen stärkten umgehend ihren Zusammenhalt durch Diskriminierung der Flüchtlinge. Ihnen wurde mit Spott, Schmäh und offenem Hass begegnet, die bösartigen Parolen reichten von Neid und Überfremdungsangst bis zu dem zynischen Vorschlag, sie nach Sibirien oder Auschwitz weiterzuschicken.

Begriffe wie ‹Trauma› und ‹Empathie› waren unbekannt in der Nachkriegszeit; es herrschten Apathie und Gefühlskälte. In diesem Klima der Erschöpfung und Verbitterung trafen die Vertriebenen auf wenig Verständnis. Obwohl es sich damals um Deutsche mit derselben Kultur und Religion handelte, wurden die Ankömmlinge sofort als ‹fremd› stigmatisiert und in alte feindliche Stereotype gepresst. Jeder, der die heimische Sprache auch nur etwas anders betonte, wurde automatisch ausgegrenzt, wie der Historiker Lutz

Niethammer aus eigener Erfahrung bestätigt. Vor allem wurde der tief verwurzelte Rassismus unverzüglich von den Juden, Russen oder Sinti und Roma auf die vertriebenen ‹Volksdeutschen› übertragen. Man sprach von ‹Überfremdung› und ‹Fremdherrschaft›; die Ostdeutschen galten als ‹artfremd› und wurden sogar einer ‹Mulattenrasse› zugeordnet, man befürchtete deshalb den ‹Verlust des nordischen Charakters›.

Kosserts historische Rekonstruktion von Migrationsgeschichten aus der Innenperspektive der Betroffenen ist heute von großer Aktualität, denn diese Zeugnisse können uns zeigen, mit welchen wiederkehrenden Verhaltensmustern und Argumenten wir rechnen müssen, wo immer Mitmenschen zu Fremden und Feinden gemacht werden. Diese Erinnerungen und historischen Vergleiche können helfen, diese Verhaltensmuster zu durchschauen und zu überwinden, um den Weg der Ausgrenzung in Gegenrichtung zu gehen vom Feind zum Fremden, zum Bürger, zum Nachbarn, zum Freund.

In der Nachkriegszeit kam für die Erfahrungen von Holocaust, Krieg, Flucht und Vertreibung nicht die Stunde des Nachfragens und Erinnerns, sondern zunächst die des Vergessens und Beschweigens. Die Erfahrungen von Leid, Verlust und Trauma waren einerseits zu allgemein und andererseits zu heterogen, um zusammenzufinden oder nebeneinander zu bestehen. Deshalb war es leichter, von der Vergangenheit auf die Zukunft umzuschalten. Alle Kräfte sollten vereinigt werden, um eine bessere Zukunft hervorzubringen, die die Gräuel des Krieges vergessen lassen würde.

Diese optimistische Stimmung verkörperten damals vor allem die Architekten. 1946 beschrieb Hans Scharoun die großartigen Möglichkeiten, die sich für seine Zunft auftaten: «Die mechanische Auflockerung der Stadt durch Bomben-

krieg und Endkampf gibt uns die Möglichkeit einer großzü-
gigen organischen und funktionellen Erneuerung.»⁵ Das
Wort ‹Wiederaufbau› bezeichnete in der Nachkriegsmoderne
weit mehr als Bauprojekte; es umfasste auch die Wiederherstellung eines funktionierenden Gemeinwesens samt Infra-
struktur, Ökonomie und politischem Institutionengefüge.
Architektur wurde nach 1945 zur Leitmetapher für den gesamten Staat und seine Gesellschaft. Die größte Baugenos-
senschaft, die nach dem Krieg in Westdeutschland Eigen-
tumswohnungen, Eigenheime und Siedlungen baute, hatte
den sprechenden Namen ‹Neue Heimat›, der sich gerade
auch an Millionen Vertriebene richtete. In seiner Regie-
rungserklärung von 1953 verkündete Bundeskanzler Konrad
Adenauer: «In den ersten vier Jahren (der BRD) sind annähernd sieben Millionen Deutsche wieder zu einer eigenen
Wohnung und einem eigenen Heim gekommen, zu einem
großen Teil Vertriebene, Ausgebombte und Evakuierte.»⁶

Im Zuge des wirtschaftlichen Aufschwungs verwandelte
sich die ‹organisch gegliederte Volksgemeinschaft› allmählich
in die ‹nivellierte Mittelstandsgesellschaft›, also jene Sozial-
form, die wir im Zeitalter der New Economy mit der rapide
wachsenden Kluft zwischen Arm und Reich schon wieder
verloren haben. Das Leitbild ‹Neue Heimat› stand in den
1950er Jahren nicht nur für Integration, sondern auch für
Frieden, denn erstmals standen «Baustoffe wie Stahl oder Be-
ton dem privaten Baubedarf wieder zur Verfügung, die das
‹Dritte Reich› zur Kriegsproduktion benötigt hatte.»

Im Aufwind des Wirtschaftswunders hat die westdeutsche Erfolgsgeschichte der ‹Neuen Heimat› das Trauma der
Vertriebenen verdrängt. In einer Gesellschaft, in der alle Zeichen auf Zukunft standen, hatten ihre Erfahrungen und Erinnerungen keinen Platz; sie passten nicht zum Zeitgeist,

niemand war bereit, ihre Geschichten mit Empathie anzuhören. Das heißt jedoch nicht, dass die Erinnerung an Flucht und Vertreibung in der frühen Nachkriegszeit keine Rolle spielte. Damals organisierten sich Vertriebenenverbände und Landsmannschaften, die die Erinnerung an die frühere Heimat, ihren abrupten Verlust und die damit verbundene Leidensgeschichte als ihr Gruppengedächtnis am Leben hielten. Diese Gruppen pflegten nicht nur ihre eigene Folklore, sondern verbanden ihre Erinnerungen zum Teil auch mit revanchistischen Forderungen wie der Nichtanerkennung der östlichen Staatsgrenze oder dem Recht auf Rückkehr. Außerdem wurden sie schon früh politisch instrumentalisiert, um Wählerstimmen für das rechte Parteienspektrum zu mobilisieren.[7] Wie Bernd Faulenbach feststellt, erfuhren die Vertriebenen «im politisch-öffentlichen Bereich Anerkennung; sie waren damit mit ihren Erinnerungen als Gruppe nicht isoliert trotz unübersehbarer Integrationsprobleme. Dabei hatte die Politik eine doppelte Stoßrichtung: Einerseits bemühte sie sich um nachhaltige Integration der Vertriebenen, andererseits unterstützte sie die politischen Ziele der Vertriebenen.»[8]

Der Kontext dieser politischen Kontroverse war der Kalte Krieg, die Adressaten der revanchistischen Forderungen waren die Sowjetunion und insbesondere die Volksrepublik Polen. Das europäische Friedensprojekt hatte die westlichen Staaten verbündet, während die Konflikte mit den östlichen Nachbarn weiter schwelten. Die Ostpolitik Willy Brandts sendete konkrete Friedenssignale nach Osten aus und nachfolgende Familiengenerationen auf beiden Seiten trugen das Ihre zur Entschärfung der Konflikte bei. Nach der Erweiterung der EU und der Rückstufung von aggressiven Nationalstaaten in europäische Partnerstaaten ist die Oder-Neiße-Grenze zu einer europäischen Binnengrenze geworden, die heute vermehrt von ‹Heimat-Touristen› überquert wird, deren Projekt Polen und Deutsche nicht mehr trennt, sondern verbindet.[9] Unter den Voraussetzungen einer befriedeten und friedensstiftenden Erinnerungskultur nahm der tschechische Kulturminister Daniel Herman im Mai 2016 zum ersten Mal am traditionellen Pfingsttreffen der Sudetendeutschen in Nürnberg teil. In seiner Rede bekundete er seinen Respekt vor dem kulturellen Erbe dieser Gruppe, das er von nun an als ein gemeinsames europäisches Erbe wertschätzen und pflegen wolle.[10] Allerdings kann die Stimmung auch leicht wieder kippen. Wie stark die nachbarschaftlichen Beziehungen nach der Wende von 1989 trotz gemeinsamer historischer Aufarbeitung der Vergangenheit weiterhin von diesen Erfahrungen und Ansprüchen belastet blieben und wie empfindlich die polnischen Nachbarn noch immer auf deutsche Bedrohungen reagieren, zeigt der Fall Erika Steinbachs, deren öffentliches Auftreten für die Vertriebenen immer wieder zu Spannungen und Eklats geführt hat, und des geplanten Zentrums gegen Vertreibung.

Die Erinnerung an Flucht und Vertreibung war in Westdeutschland auch Teil des inoffiziellen ‹kommunikativen Gedächtnisses›. Angehörige der zweiten Generation, die sich nicht mehr als ‹Vertriebene› identifizierten, begannen in den 1990er Jahren, sich mit dem Familiengedächtnis auseinanderzusetzen. Dabei entdeckten sie, dass die Geschichte ihrer Eltern, ob sie das wollten oder nicht, auch ihre eigene Geschichte war. Für den Transfer einer traumatischen Erfahrung von der Eltern- auf die Kindergeneration hat die Erinnerungsforscherin Marianne Hirsch den Begriff ‹postmemory› eingeführt.[11] Ein Beispiel für ‹postmemory› ist der Autor Hans-Ulrich Treichel, der 1952 in Ostwestfalen als Sohn einer aus Polen vertriebenen Familie geboren wurde.

Er erfuhr erst kurz vor dem Tod seiner Mutter im Jahre 1991 von ihr Näheres über das Schicksal seines älteren Bruders. Die Eltern waren auf der Flucht vor den Russen dem Tod durch Erschießen nur dadurch knapp entkommen, dass sie ihre gesamte Habe, darunter den 1943 geborenen Bruder Günter, auf einem Pferdewagen zurückließen.[12] In seinem autobiographischen Familienroman *Der Verlorene* (1998) hat Treichel sich dieses Familiengeheimnisses/-traumas angenommen und dabei die Themen von Trauma und Schuld, Auslöschung von Erinnerung und Wiederaufbau aufs Engste miteinander verflochten. Er schildert nicht nur sehr genau das ‹Ersatzkind-Syndrom› *(replacement child syndrome)*, das darin besteht, dass die Eltern die emotionale Bindung an den verlorenen/verstorbenen Bruder aufrechterhalten und den Nachgeborenen unbewusst als dessen Stellvertreter betrachten,[13] sondern auch die geschlechtsspezifischen Wirkungen der Verdrängung am Beispiel seiner beiden Eltern.[14] «Je mehr die Mutter unter der Last der Erinnerung zu erstarren drohte, umso aktiver wurde der Vater. Er der zweimal, nach beiden Weltkriegen, erleben musste, Haus und Hof zu verlieren, und der nach dem Krieg mit leeren Händen nach Ostwestfalen gekommen war, hatte sich nun ein drittes Mal eine sogenannte Existenz aufgebaut. Er hätte in Frieden leben können, aber es gab keinen Frieden. Er baute das Haus um. (...) Er tat dies so gründlich, dass das neue Haus in nichts mehr dem alten glich.»[15] Mit dem Abrissfuror und dem Baueifer technischer Modernisierung sollten auch alle Spuren der Vergangenheit getilgt und die Erinnerung entsorgt werden. Die großen Investitionen in Modernisierung, Wirtschaft und Zukunft kamen dabei einer Anästhesierung des Traumas gleich.

Eine breitere gesellschaftliche Auseinandersetzung mit

dem Thema Flucht und Vertreibung begann erst an der Wende des 21. Jahrhunderts mit einer neuen Welle von Romanen, Sachbüchern und Filmen. Neu an dieser Welle war, dass erstens Autoren von Weltruhm wie Günter Grass dazu beitrugen, dass sich zweitens Autoren der zweiten Generation wie Treichel mit einschalteten und dass drittens das Thema nun auch von den Massenmedien aufgenommen wurde: 2007 wurde der ARD-Zweiteiler *Die Flucht* ausgestrahlt. Eine größere öffentliche Resonanz fand das Thema auch in einer Berliner Ausstellung im Jahr 2006.

Was bisher kaum beachtet wurde: Diese Rückkehr der Erinnerung an die Erfahrung von Flucht und Vertreibung geschah zeitgleich mit einer neuen Konjunktur von Menschenrechtsfragen[16] und der Diskussion um die Reform des deutschen Staatsangehörigkeitsgesetzes. Bis ins Jahr 2000 galt das ‹Reichs- und Staatsangehörigkeitsrecht› von 1913, das auf das Abstammungsprinzip *(ius sanguinis)* gegründet war und nun erstmalig um das Geburtsortprinzip *(ius soli)* erweitert wurde, das Kindern ausländischer Eltern zusätzlich eine deutsche Staatsbürgerschaft ermöglichte. Zwischen beiden Themen gab es damals noch kaum Verbindungen, doch die Problematik von Flucht und Vertreibung, Migration und Integration war nach dem Zweiten Weltkrieg nicht vorbei, sondern ist Teil der deutschen Geschichte, die unsere Gegenwart und Zukunft weiter bestimmt. Es ist die Geschichte der stetigen und nicht umkehrbaren Verwandlung der Bevölkerung durch Zuwanderer, ihrer zunehmenden gesellschaftlichen Integration und der zähen Verhandlungen über den Umbau Deutschlands in ein Einwanderungsland.

Schicksalsvergleiche – Zwischen Empathie und Abwehr

Das Lernen aus der Geschichte geht weiter; was sich in früheren Kontexten entwickelt hat, steht heute vor neuen Herausforderungen. Die EU ist gegenwärtig erheblichem Druck ausgesetzt. Es gibt Mitgliedsländer, die den transnationalen Verbund von innen her aufsprengen durch ihren starken Wunsch nach nationaler Souveränität und Autonomie (wie z. B. England), und solche, die noch in der EU verbleiben, aber unverfroren die gemeinsamen Werte und Standards aufkündigen wie Ungarn und Polen. Dazu kommt der Druck an den Außengrenzen durch die militärischen Aktionen Russlands, die den Frieden gebrochen haben, sowie durch die Ankunft von mehr als einer Million Migranten, die vor Bürgerkriegen, Terror und Gewalt aus ihren Heimatländern fliehen, um in Europa Schutz zu suchen. Diese Krise ist inzwischen zum ultimativen Test für das Selbstverständnis und die Werte der EU geworden.

Die Ankunft der Geflüchteten an den europäischen Außengrenzen wird als eine dreifache Bedrohung wahrgenommen. Sie erzeugt

– Angst vor dem Verlust der eigenen Identität,[17]
– Angst vor materiellen Verlusten und
– Angst um die eigene Sicherheit.

In dieser Situation stehen sich entgegengesetzte Interessen unvereinbar gegenüber: ein transnationales humanitäres Engagement auf der einen Seite und die Verschärfung nationaler Identität und Sicherheit auf der anderen. Altruistische und egoistische Werte prallen vor allem an den Grenzen Europas aufeinander, wo Flüchtlinge in Lagern festgehalten werden, weil keine gemeinsame Vereinbarung über ihre Verteilung und Integration in die europäischen Mitgliedsländer zustande kommt. Regelmäßige Terrorattacken in Ländern der EU tun das Ihre, um die Situation zuzuspitzen und die Konflikte zu verschärfen. Das kollektive Selbstbild der EU steckt in einer tiefen Wertekrise, in der der Einsatz für Menschenrechte und die Sorge um die eigene Sicherheit als unvereinbare Ziele erscheinen.

Vergangenheit – Gegenwart – Zukunft

Jede Epoche bedient sich des Arsenals der Geschichte, um die eigene Gegenwart zu rechtfertigen und zu legitimieren. Den Gebrauch, der dabei von der Geschichte gemacht wird, nennen wir ‹Geschichtspolitik›, denn er ist immer schon selektiv und instrumentell, lässt also nur das zu, was für die Gegenwart gerade von Nutzen ist, um politische Macht zu erhalten oder das kollektive Selbstbild zu festigen.

In seinen geschichtsphilosophischen Thesen hat sich Walter Benjamin gegen diesen instrumentellen Zugriff der Gegenwart auf die Vergangenheit gewehrt.[18] Während Reinhart Koselleck die ‹vergangene Zukunft› früherer Geschichtsepochen untersuchte, suchte Benjamin nach einer unvergangenen Zukunft, die noch keine Chance der Realisierung hatte und die deshalb noch auf ihre Gegenwart wartete. Benjamin drehte dabei die Beziehung der Zeiten um; bei ihm macht sich nicht die Gegenwart zum Richter über die Vergangenheit, vielmehr kommt der Ruf aus der Vergangenheit in der Hoffnung darauf, in einer neuen Gegenwart aufgenommen und beantwortet zu werden. Ihm ging es dabei um das Unrecht und das Unerledigte in der Geschichte, das erst noch der Verwirklichung durch Anerkennung und Eingedenken harrt. Deshalb verstand er das Verhältnis zwischen Vergangenheit und Gegenwart spekulativ als das einer «geheimen Verabredung». Benjamin folgerte: Wenn eine solche geheime Verabredung «zwischen den gewesenen Geschlechtern und unserem besteht, dann sind wir auf der Erde erwartet worden. Dann ist uns wie jedem Geschlecht, das vor uns war, eine *schwache* messianische Kraft mitgegeben, an welche die Vergangenheit Anspruch hat.» (These II) Das aber bedeutet, dass die Vergangenheit noch einen moralischen Anspruch an die Gegenwart hat, den diese dadurch beantwortet, dass sie diesen Anspruch vernimmt und das unerfüllte Begehren wieder freisetzt und umsetzt. Das Gelingen dieses Dialogs hängt für Benjamin von bestimmten historischen Konstellationen ab, in die die Gegenwart zur Vergangenheit tritt: «es ist ein unwiederbringliches Bild der Vergangenheit, das mit jeder Gegenwart zu verschwinden droht, die sich nicht als in ihm gemeint erkannte.» (These V)

2015 kann als eine historische Zäsur gelten, in der sich das Verhältnis der Gegenwart zur Vergangenheit in Walter Benjamins Sinne geändert hat. Mit dem sprunghaften Anstieg der Massenmigration traten die Deutschen in eine neue Konstellation zu ihrer eigenen Migrationsgeschichte vor und nach dem Ende des Zweiten Weltkriegs. Diese Geschichte hatte drei verschiedene Erinnerungsstufen durchlaufen: von einer politischen Instrumentalisierung im Dienste revisionistischer Positionen in den 1950er und 1960er Jahren über ein Narrativ der Deutschen als Opfernation in den 1990er Jahren bis zu einer entpolitisierten und empathischen Anerkennung individueller Fluchtgeschichten nach 2000. Der gesellschaftliche Erinnerungsrahmen änderte sich nach 2015 noch einmal durch eine neue historische Konstellation.

Schicksalsvergleiche

Im Jahr 2001, 50 Jahre nach Unterzeichnung des Genfer «Abkommens über die Rechtsstellung der Flüchtlinge», hat die Generalversammlung der Vereinten Nationen in einer Resolution den 20. Juni zum ‹Weltflüchtlingstag› erklärt. 2017 registrierte das Flüchtlingshilfswerk der UN 68,5 Millionen Flüchtlinge weltweit, darunter 40 Millionen Binnenflüchtlinge innerhalb eines staatlichen Territoriums und 20 Millionen Asylsuchende, die unter das Mandat der Genfer Flüchtlingskonvention fallen. Die Konvention, die die Menschenrechte der Flüchtlinge festlegt, ist im Vertrag von Lissabon in die EU-Grundrechtscharta eingegangen.[19]

In Deutschland wurde der Weltflüchtlingstag zum ersten Mal 2015 begangen. Der Bund der Vertriebenen hatte einen ‹Gedenktag für die Opfer von Flucht und Vertreibung› angemahnt, für den seit längerer Zeit der 5. August, der Tag der Unterzeichnung der Charta der Vertriebenen von 1950, vorgeschlagen war. Mit der Umgehung dieses Datums und der Wahl des 20. Juni für diesen Gedenktag verließ die Bundesregierung 2014 einen problematischen deutschen Sonderweg und orientierte sich in Richtung Weltgesellschaft. Sie integrierte damit die eigene historische Erinnerung in einen größeren europäischen und globalen Rahmen und drückte auf diese Weise auch ihre Solidarität mit anderen Flüchtlingsschicksalen aus.

Die Rede, die Bundespräsident Joachim Gauck am 20. Juni 2015 hielt, trug weiter dazu bei, einen neuen Erinnerungsrahmen für die deutschen Nachkriegsgeschichten von Flucht und Vertreibung aufzubauen. Er stellte eine Konstellation zwischen deutscher Fluchtgeschichte und gegenwärtiger Migrationspolitik her in der Hoffnung, «die Erinnerung an die geflüchteten und vertriebenen Menschen von damals könnte unser Verständnis für geflüchtete und vertriebene Menschen von heute vertiefen.»[20] Damit versetzte er die deutsche Geschichte in einen neuen transnationalen Rahmen. Entgegen revisionistischen Ansprüchen und einer nationalen Opfererzählung öffnete er den Horizont nachfolgender Generationen auf Erfahrungen von Gewalt und das Leid, das außerhalb der Grenzen Europas keineswegs zur Vergangenheit geworden ist, sondern in vielen Kriegsregionen und unbefriedeten Zonen unvermindert weitergeht. Mit seinem «Schicksalsvergleich» machte Gauck über die unverkennbaren Unterschiede der historischen Situationen hinweg auf die Ähnlichkeit dieser Erfahrungen aufmerksam. In diesem Fall wurden die Erinnerungen an die eigene Notlage stimuliert, um Gefühle der Empathie und Hilfsbereitschaft in der Begegnung mit Menschen anzustoßen, die auf dem Nullpunkt ihrer Existenz angekommen und auf ihre Menschenrechte zurückgeworfen sind.

Stephan Scholz hat weitere Beispiele zusammengestellt, die zeigen, wie mit der Erinnerung an eigenes Leid eine positive Haltung zur aktuellen Willkommenskultur unterstützt werden sollte.[21] Die Evangelische Kirche zum Beispiel hat mit einer großformatigen Plakataktion geworben, auf der das Bibelzitat «Die Fremdlinge sollst du nicht bedrängen und bedrücken, denn ihr seid auch Fremdlinge in Ägypten gewesen» (Exodus 22,20) mit Fotos von Flüchtlingstrecks der Nachkriegszeit und Frauen und Kindern in Ruinenlandschaften montiert war. In Leipzig war ein Banner an der Fassade des Rathauses befestigt, auf dem ein Foto aus Danzig 1945 neben einem aktuellen Bild aus den Nachrichten zu sehen war. Beide Bilder zeigten eine Frau mit Kind in Trümmern. Der emotionale Appell dieser Bilder funktionierte auch ohne eine verbale Botschaft. Scholz konnte feststellen, dass die Bereitschaft, die eigene Geschichte in den Kontext der gegenwärtigen Migrationserfahrung zu stellen, ein historisch neues Phänomen ist: «Noch zu Beginn der 1990er Jahre, als die Zahl der Asylsuchenden in Deutschland noch einmal stark angestiegen war, war es vollkommen unüblich, die deutsche Erfahrung von ‹Flucht und Vertreibung› zu den Erfahrungen aktueller Flüchtlinge und Zuwanderer ins Verhältnis zu setzen.»[22] Es ist im Zeichen der Migration also ein neuer sozialer Erinnerungsrahmen entstanden, der auch eine neue Lesart der eigenen Geschichte ermöglicht: Er löst sie aus ihrem historischen Kontext, generalisiert die Erfahrung für die nachwachsenden Generationen und versieht sie mit einem Appell an die Zukunft.

Ein solcher reflektierter Umgang mit der Geschichte kann dazu beitragen, Fremdheit abzubauen, indem er durch die Differenz hindurch Ähnlichkeiten sichtbar macht und mit der historischen Analogie eine enge Verbindung zwischen ehemaligen Deutschen und heutigen Flüchtlingen herstellt. Diese Lesart ist aber keineswegs zwingend. Die andere Option artikulierte umgehend der CSU-Vorsitzende Horst Seehofer, der den «Schicksalsvergleich» Joachim Gaucks zurückwies und damit Differenz und Abstand wiederherstellte, wo gerade eine Verbindung und Beziehung aufgebaut worden war. Die Sprache der Differenz hat Begriffe wie ‹Asylmissbrauch›, ‹Asyltourismus› oder ‹Shuttle Service› hervorgebracht, die das Geschehen an den Grenzen trivialisieren, diffamieren und kriminalisieren. Inzwischen hat sogar der Vorsitzende des Bundesverfassungsgerichts den Sprachgebrauch einiger Politiker kritisiert. Die Parole von der ‹Anti-Abschiebe-Industrie› verunglimpfe rechtsstaatliche

Verfahren und ein Begriff wie ‹Herrschaft des Unrechts› sei für den NS-Staat, nicht aber die Bundesrepublik Deutschland angemessen.

Während Empathie den Unterschied zwischen dem ‹Eigenen› und dem ‹Fremden› unterläuft, steigern Misstrauen, Angst und Bedrohungsbewusstsein das Anderssein der Anderen zu einer unüberwindlichen Differenz. Die Folge sind Fremdenfeindlichkeit und Abschottungsbewegungen. Während auf der einen Seite die eigene Opfergeschichte auf andere Schicksale durchsichtig geworden ist, werden auf der anderen Seite die eigenen mit den fremden Opfern konfrontiert und polarisiert. Empathie ist kein Selbstläufer. Sie steht immer auf der Kippe, denn sie verfährt selektiv und hat ihre klaren Grenzen. Man könnte auch sagen: Sie funktioniert wie ein Schalter, den man anstellen, zum Selbstschutz aber auch schnell wieder abstellen kann. Die Frage ist deshalb: Unter welchen kulturellen und emotionalen Rahmenbedingungen dringt etwas durch diesen Reizschutz hindurch und ermöglicht pro-soziale Einstellungen?[23]

In einem Buch mit dem Titel *Die Große Wanderung* hat Hans Magnus Enzensberger bereits vor 20 Jahren zusammengefasst, was bei der Begegnung zwischen Einheimischen und Migranten jedes Mal wieder auf dem Spiel steht.[24] Enzensberger bezog in dieser Studie einen ethnographischen Standpunkt, indem er beobachtete, wie sich die Deutschen verhalten, wenn sie mit Fremden konfrontiert sind. Gruppenegoismus und Fremdenhass sind tief angelegte Regungen, die immer bereitstehen und überall, wo sie gebraucht werden, sofort mobilisiert werden können. Hier von ‹anthropologischen Konstanten› zu sprechen ist jedoch nicht unproblematisch, weil dies suggeriert, dass dieses Verhalten natürlich und unveränderlich sei und Umerziehung und

Umdenken keine Aussicht auf Erfolg haben könnten. Enzensberger gibt ein Beispiel: Wie tief der Reflex der Abwehr im Menschen verwurzelt ist, kann jeder erleben, der im Zug die Tür zu einem Abteil öffnet, wo sich bereits Fahrgäste eingerichtet haben. Es macht sich dann ein spontaner Widerwille bemerkbar, «zusammenzurücken, die freien Plätze zu räumen, den Stauraum über den Sitzen zu teilen». Sobald die neuen Fahrgäste Platz genommen haben, verhalten sie sich «eigentümlich solidarisch», sobald sich das Spiel wiederholt und weitere Reisende Platzansprüche geltend machen.

Enzensberger beobachtete bereits Anfang der 1990er Jahre, wie das Wort ‹Asyl› von seiner Grundbedeutung von ‹Schutz› und ‹Zufluchtsort für Verfolgte› zu einem «diskriminierenden, negativen Kampfbegriff» wurde, der heute in zynischer Zuspitzung als ‹Asyltourismus› wiederkehrt. Damals kursierten bereits Formeln wie die von der ‹Festung Europa› oder ‹das Boot ist voll›. Enzensberger zeigt, wie dieser Satz die Realität auf den Kopf stellt: «Offenbar wähnen viele Westeuropäer, dass sie sich in Lebensgefahr befinden. Sie vergleichen ihre Lage mit der von Schiffbrüchigen. Es sind die Eingesessenen, die sich vorstellen, sie wären *boat people* auf der Flucht.»

Tatsächlich steht die Entscheidung, ob Menschen in der Begegnung mit dem Fremden empathisch oder abweisend reagieren, immer wieder auf der Kippe. Ein Beispiel dafür ist ein weiterer «Schicksalsvergleich», der in diesem Falle von einem Künstler auf dem Neuen Markt in Dresden aufgebaut wurde. Manaf Halbouni wurde 1984 als Sohn einer deutschen Mutter und eines syrischen Vaters in Damaskus geboren und hat in Dresden studiert. Dort richtete er drei Busse hochkant auf und simulierte damit den Typ einer Barrikade, hinter der Menschen im Bürgerkrieg in Aleppo Zuflucht suchten. Die

Installation der Busse stellte er gegenüber der Frauenkirche auf, einem einmaligen Denkmal des Wiederaufbaus der Ruinenstadt Dresden und der Überwindung des Traumas der Bombardierung im europäischen Geist. Auf diese Weise stellte er eine Konstellation her, bei der sich auf demselben Platz zwei gegensätzliche Welten begegneten: die Erinnerung an das Trauma der Zerstörung Dresdens am Ende des Zweiten Weltkriegs und der Hinweis auf den syrischen Bürgerkrieg, der vor den Augen der Welt Tausende von Toten forderte, die Überlebenden traumatisierte und zum Verlassen ihrer zerstörten Städte zwang.[25] In Dresden wurde die Denkmal-Inszenierung ambivalent aufgenommen: Während die einen lautstark protestierten, weil sie nur Schrott und die Verschandelung ihrer Stadt sahen, ging den anderen dieser Appell an eine raum- und zeitübergreifende Solidargemeinschaft unter die Haut. Empathie verfährt selektiv; wer als ‹fremd› eingestuft wird, hat keinen Anspruch auf Mitgefühl und Solidarisierung. Darum ist es so wichtig, diese spontanen Gefühle und Kategorisierungen, die sich oft hinter unserem Rücken abspielen und in Reflexen des limbischen Systems verankert sind, zum Gegenstand der Reflexion zu machen und sie durch Anschauung, Erfahrung und Lernen zu ‹bilden›.

Differenzen, Defizite, Desiderate

Linkes und rechtes Unbehagen an der deutschen Erinnerungskultur

Die deutsche Erinnerungskultur wurde nach der Wende in Institutionen wie Schulen, Denkmälern, Museen, Gedenkstätten sowie in der Kulturpolitik und in den Medien verankert und ist inzwischen ganz selbstverständlich in den Alltag eingelassen und vor der Haustür in Gestalt von Stolpersteinen präsent. Der Historiker Harald Schmid kommentierte: «Wo Vergessen und Verdrängen, wo Beschweigen und Leugnen war, ist nun allseits Erinnern.»[1] Nach dieser aktiven Phase des Aufbaus steht die deutsche Erinnerungskultur vor neuen Herausforderungen. Der erste Schub eines Unbehagens kam von links. Ulrike Jureit und Christian Schneider mahnten Veränderungen an, Harald Welzer sprach von einer notwendigen Entrümpelung.[2] Die so erfolgreiche Durchsetzung der Erinnerungskultur wurde von Intellektuellen nämlich mit wachsender Skepsis und Misstrauen zur Kenntnis genommen. Die erfolgreiche Institutionalisierung zeige, dass diese Erinnerungskultur inzwischen einen staatstragenden und affirmativen Charakter angenommen hat. Wo bleibt da das Subversive?, fragten sich die Intellektuellen. «Geht hier verunsichernde Verstörung in die so lange erhoffte beruhigende Versöhnung über, wird das Ungeheuerliche in der schieren Omnipräsenz von ‹Erinnerung› verdeckt?»[3] Ihr Anliegen lautete: Wie kann man das kritische Potential in der Erinnerungskultur retten und verhindern, dass Erinnern pietätvoll und rituell, aber kostenlos und folgenlos praktiziert wird – kurz: wie kann man den zivilgesellschaftlichen Funken in der Erinnerungskultur immer wieder entfachen?

Dieser linke Unbehagen-Diskurs hatte auch Züge eines Generationenkonflikts. Die neue deutsche Erinnerungskultur ist ja nicht auf öffentliche Akte und Denkmäler beschränkt, sondern auch weitgehend eine Sache zivilgesellschaftlichen Engagements. Dieses Engagement kam von unten und war vor allem auf den Einsatz der nicht mehr so jungen 68er-Generation zurückzuführen, die auf lokaler

Ebene die NS-Geschichte ins Bewusstsein der Gesellschaft zurückholte. Eine nachwachsende und auf ihr eigenes Profil bedachte Generation, die in den 1960er Jahren geboren ist, hat die Deutungsmacht der 68er in Frage gestellt. Ihr Unbehagen richtete sich gegen eine affirmative Erinnerungskultur, die im Mainstream liegt, den Segen der Regierung hat und von oben gesteuert wird.

Seit 2017 werden Unbehagen und Kritik an der deutschen Erinnerungskultur auch vom rechten Spektrum der Gesellschaft artikuliert. Diesen Stimmen geht es nicht mehr um die Erhaltung des kritischen Geistes dieser Erinnerungskultur, sondern einfach nur um ihre Beseitigung. In der Diskussion, die dabei eröffnet wird, geht es nicht nur um konkurrierende Geschichtsbilder, sondern letztlich um Grundfragen des deutschen Selbstbildes und der nationalen Identität. Eine selbstkritische Erinnerung, die Verantwortung übernahm für das von Deutschen im Nationalsozialismus den Juden und anderen Minderheiten sowie den europäischen Nachbarn zugefügte Leid, war, wie wir gesehen haben, in den 1990er Jahren bereits durch Helmut Kohls Denkmalsetzung der Neuen Wache in Frage gestellt worden, die nicht nur deutsches Leid thematisierte, sondern viel weitgehender die Deutschen überhaupt als eine ‹Opfernation› darstellte.

Die Offensive von rechts, die sich jetzt in den Statements der AfD aufbaut, geht in eine andere Richtung. Sie macht Schluss nicht nur mit dem ‹Schuld-Kult›, um einen ihrer Kampfbegriffe zu zitieren, sondern auch mit der Opferidentität. Man möchte einer Nation angehören, auf die man ausschließlich stolz sein kann, und glaubt, den Stolz, das fundierende Selbstgefühl im Zweiten Kaiserreich und des Dritten Reichs, in direkter Erbfolge weiterhin beanspruchen zu können. Dass sich dieser Stolz in der Geschichte mit Überheblichkeit, Unterdrückung anderer und schließlich ihrer Vernichtung paaren konnte, stört die Advokaten des ultrarechten Spektrums nicht. Dass dieses Land nach 1945 auf dem absoluten Tiefstand angekommen war und als Partner wieder in den europäischen Bund der zivilisierten Nationen aufgenommen wurde, kümmert sie ebenso wenig wie die Tatsache, dass ihr Land sich inzwischen nicht nur durch Leistung wieder Ansehen erworben hat, sondern gerade auch durch seinen Umgang mit der Geschichte so etwas wie Würde in der Welt zurückgewonnen hat. Es bestünde also eigentlich kein Anlass, nun so energisch das Stolz-Register zu ziehen, da gegenwärtig niemand mehr im internationalen Verkehr den Deutschen ihre Verbrechen und Vergehen vorhält. Das tut nur noch die deutsche Erinnerungskultur, die das Bewusstsein dieser negativen Geschichte wachhält. Wahrscheinlich wird sie deshalb so heftig bekämpft. Was die einen für eine zivilisierende Errungenschaft halten, verwerfen die anderen als Untergrabung ihres nationalen Selbstbildes.

Björn Höckes Rede auf einer Parteiversammlung der AfD im Januar 2017 war ein dringendes Plädoyer, den deutschen Sonderweg der selbstkritischen Erinnerung zu beenden: «Bis jetzt ist unsere Geistesverfassung, unser Gemütszustand immer noch der eines total besiegten Volkes. Wir Deutschen (...), also unser Volk, sind das einzige Volk der Welt, das sich ein Denkmal der Schande in das Herz seiner Hauptstadt gepflanzt hat. (...) Und diese dämliche Bewältigungspolitik, die lähmt uns heute noch viel mehr als zu Franz Josef Strauß' Zeiten. (...) Wir brauchen so dringend wie niemals zuvor diese erinnerungspolitische Wende um 180 Grad, liebe Freunde. Wir brauchen keine toten Riten mehr in diesem Land. Wir haben keine Zeit mehr, tote Riten zu exekutieren. Wir brauchen keine hohlen Phrasen mehr in diesem Land, wir brauchen eine lebendige Erinnerungskultur, die uns vor allen Dingen und zuallererst mit den großartigen Leistungen der Altvorderen in Berührung bringt.»

Diese Forderungen von Björn Höcke ernteten großen Applaus. Er wollte damit einen radikalen Kurswechsel einleiten von einer selbstkritischen Geschichtsauffassung der Nation zu einem Geschichtsbild, das auf Stolz gegründet und mit dem Anspruch auf Größe verbunden ist. Alles, was der Selbstglorifizierung im Wege steht, wird als Schande eingestuft. Rechte wie linke Selbstkritik an der deutschen Erinnerungskultur treffen auf ein Paradox: dass nämlich die Deutschen, die ihre Geschichte auf die negative Erinnerung des Holocaust aufgebaut haben, dadurch gerade keine Abwertung, sondern Anerkennung erfahren haben. Die Wiedereingliederung Deutschlands in Europa und in die Gruppe der zivilisierten Staaten ist auch eine Wirkung dieser Erinnerungskultur, die im Ausland zustimmend als ‹german model› und ‹DIN-Norm des Erinnerns› bezeichnet wird. All das wird von den Politikern der AfD allerdings völlig ignoriert, die unter Umgehung des 20. Jahrhunderts die alten Mythen von Stärke und Ehre des 19. Jahrhunderts wiederbeleben möchten.

Die, die vom Holocaust-Mahnmal in Berlin als einem «Denkmal der Schande» sprechen, denken noch immer wie die deutsche Kriegsgeneration, die den 8. Mai nicht feiern wollte («Schuld und Schande verdienen keine Würdigung!», siehe oben, S. 84), in den Kategorien von Stolz, Schande und Ehre. Sie glauben, dass Leugnen und Verdrängen ihnen zu einem positiven nationalen Selbstbild verhelfen können. Sie wenden sich gegen historische Verantwortung und die Anerkennung der Opfer der eigenen Gewaltgeschichte. Sie halten nichts vom Trennungsstrich und wollen zurück zum Schluss-strich.

Die Worte Alexander Gaulands sind eine konsequente Fortsetzung der Position von Björn Höcke, auf den Gauland explizit Bezug nimmt: «Wir haben eine ruhmreiche Geschichte, daran hat vorhin Björn Höcke erinnert. Und die, liebe Freunde, dauerte länger als die verdammten zwölf Jahre. Und nur, wenn wir uns zu dieser Geschichte bekennen, haben wir die Kraft, die Zukunft zu gestalten. Ja, wir bekennen uns zu unserer Verantwortung für die zwölf Jahre. Aber, liebe Freunde, Hitler und die Nazis sind nur ein Vogelschiss in über tausend Jahren erfolgreicher deutscher Geschichte.»

Gauland bekennt sich hier «zu unserer Verantwortung für die zwölf Jahre». Er heroisiert und beschönigt sie wenigstens nicht, wie dies unter Neonazis und unter den Tätern des NSU üblich war. Keiner wird es Herrn Gauland verbieten oder verübeln, sich in der tausendjährigen deutschen Geschichte umzusehen und sie auf noch zukunftsfähige Ereignisse abzusuchen. Was er jedoch tut, ist, dass er die Länge der 1000 Jahre gegen die Kürze der zwölf Jahre aufrechnet. Diese Rechnung geht aber nicht auf, genauer: Sie geht gar nicht. Diese zwölf Jahre waren vielleicht kurz, aber es war eine «gestaute Zeit» (Dan Diner) extremster Gewalt und irreversibler Folgen. Diese Jahre haben das Gesicht Europas unumkehrbar verändert und eine tausendjährige Geschichte blutig beendet, nämlich die der europäischen Juden in Osteuropa.

Gauland trivialisiert Hitler und bagatellisiert den Nationalsozialismus. Dieser Schandfleck sei so klein, dass diese wenigen Jahre vergessen werden können und vergessen werden müssen. Auf diese Weise könne man wieder Anschluss an die tausendjährige deutsche Geschichte und «die großartigen Leistungen der Altvorderen» gewinnen. Der Blick auf dieses phantasmatische große Ganze lässt die Nazizeit verschwinden und mit ihr die Verbrechen samt ihren Tätern und Opfern. Damit ist aber nicht nur dem deutschen Staat, sondern auch der europäischen Einigung die historische Grundlage entzogen.

Ost-West-Spaltungen

Das Gesamtgefüge der EU hat einige Risse und Sollbruchstellen, die in Zeiten der Krise wieder stärker hervortreten. Während die Finanzkrise die EU auf eine harte Probe gestellt und die Mitgliedstaaten durch mangelnde fiskalische Solidarität entlang der Nord-Süd-Grenze gespalten hat, hat die aktuelle Migrationskrise auch die Ost-West-Spaltung wieder verstärkt hervortreten lassen. Der bulgarische Politologe und Intellektuelle Ivan Krastev hat wie kein anderer diese Spaltung in Europa über die letzten Jahre aufmerksam beobachtet und analysiert. Er hat dabei die Schockerfahrung der Massenmigration von 2015 besonders betont und sie als «Europas 11. September» bezeichnet.[4] Damit hat er nicht nur die historische Zäsur in der Geschichte der EU bestätigt, sondern diese Erfahrung auch als ein historisches Trauma bewertet. Diese Beschreibung ist nicht unproblematisch; zum einen, weil sie die Kategorie der Traumatisierung stillschweigend von den Flüchtlingen auf die Aufnahmegesellschaft überträgt, und zum zweiten, weil sie das Ereignis der Flucht unter Gefahren und in existentieller Not mit einem Ereignis des Terrors gleichsetzt. Dass unter den Flüchtlingen potentielle Terroristen sein können, die sich als ‹Schläfer› oder ‹Zeitbomben› erweisen, rechtfertigt nicht, diese unterschiedlichen Phänomene in einer einfachen Analogie gleichzusetzen. Deshalb gibt es noch einen dritten Grund, warum diese Beschreibung problematisch ist: Sie unterstützt einen rechtsradikalen Diskurs, der Flüchtlinge tatsächlich mit Terroristen gleichsetzt und die Aufnahmegesellschaft als ihre Opfer stilisiert.

In einem Zeitungsartikel hat Krastev seine These von der Flüchtlingskrise als dem 11. September Europas noch einmal wiederholt und in einen weiteren Kontext gestellt.[5] Auch er spricht in diesem Text von historischen Lektionen, die die Europäer gelernt haben, auch wenn er sich etwas anders ausdrückt. Er sieht nämlich Europa kontinuierlich scheitern, doch fügt er gleich hinzu, dass dieses Scheitern nie das Ende Europas bedeutete: «Europas Fehlschläge wurden vielmehr zu Bausteinen seines Erfolges.» Seine Frage ist allerdings, ob diese Prognose immer noch gilt oder ob Europa an der neuen Aufgabe der Integration der Flüchtlinge zerbrechen wird. Krastevs Stimme und seine Diagnose sind vor allem deshalb so wichtig, weil er aus der Perspektive Osteuropas spricht. Er führt eine Reihe von Gründen an, um zu erklären, warum die ehemaligen Ostblockstaaten keine Bereitschaft zur Aufnahme von Flüchtlingen zeigen. Interessant an seinem Kommentar sind seine prägnanten und paradoxen Formulierungen sowie seine Neigung, die Ereignisse statt auf einer politisch-diplomatischen auf einer kollektiv-psychologischen Ebene zu diskutieren.

Zu Krastevs ebenso paradoxen wie erhellenden Formulierungen gehört die von den ‹bedrohten Mehrheiten›. Von ‹bedrohten Minderheiten› ist ja ständig die Rede, aber wer sind die bedrohten Mehrheiten? Seine Antwort: Das sind «jene, die alles haben und deshalb alles fürchten». Sie artikulieren sich lautstark in den populistischen Parteien und sind inzwischen zu einer treibenden Kraft der europäischen Politik geworden. Ihre größte Angst besteht darin, «eine Minderheit im eigenen Land» zu werden, in dem «ihre Kultur und Lebensweise gefährdet sind». Und Krastev fährt fort: «Es wäre ein schwerer Fehler der Liberalen, diese Ängste zu ignorieren oder lächerlich zu machen. In der demokratischen Politik sind Wahrnehmungen die einzige Realität, die zählt.»

Krastev gibt einige Gründe an, warum diese Angst der bedrohten Mehrheiten in den mittel- und osteuropäischen Staaten umgehend Fuß fassen konnte und dort die Politik steuert. Ein erster Grund ist die europäische Binnenmigration, die in vielen dieser Staaten über 20 Prozent ihrer Bevölkerung abgezogen hat. Es sei diese demographische Panik, die «politisch in einer Hysterie gegenüber Flüchtlingen» ihren Ausdruck finde. Ein zweiter Grund sei «das Scheitern einer bestimmenden Idee des Nach-1989-Europas, denn heute erleben wir den Zusammenbruch eines ehemals einigenden Konsenses». Der Konsens, der die Erfolgs- und Einigungsgeschichte der EU nach ihrer Erweiterung fast 30 Jahre lang getragen hat, offenbart jetzt nicht nur Risse, sondern ist einer neuen Ost-West-Spaltung gewichen. Nach Krastev sind es aber nicht Fragen der Migration, die für diese Spaltung und den Aufstieg des Illiberalismus in Zentral- und Osteuropa verantwortlich sind. Die Gründe liegen für ihn tiefer in einer pauschalen Absage an das Gesamtpaket sogenannter westlicher Werte, worunter er Begriffe wie «Demokratisierung, Liberalisierung, Erweiterung, Konvergenz, Integration, Europäisierung» subsumiert. Rückblickend erscheinen diese Werte vom Osten aus gesehen als Strategien einer feindlichen Übernahme. Krastevs Begriff dafür ist ein anderer, er spricht von einem «Nachahmungsimperativ» des Westens, der diese Staaten ihrer Geschichte, ihres Stolzes, ihrer Würde und ihrer Identität beraubt. Und er macht deutlich, dass ein solcher Nachahmungsimperativ auf Dauer mit «Gefühlen der Unzulänglichkeit, Unterlegenheit und Abhängigkeit, des Identitätsverlusts und der unwillkürlichen Unaufrichtigkeit» einhergeht.

Aus deutscher Perspektive kann man in Krastevs Diagnose der Ost-West-Spaltung Europas viele der Ressentiments wiedererkennen, die sich im Kleinen mit der Wiedervereinigung der beiden deutschen Teilstaaten eingestellt haben. Es wäre arrogant und ignorant, solche Warnrufe zu überhören. Krastev hofft immerhin, dass Europa «erneut konstruktiv» scheitert und auch diese Krise in einen weiteren Baustein seines Erfolgs verwandelt. Allerdings lässt er in seinen Analysen völlig offen, auf welcher Grundlage das geschehen kann. Bislang kündigt er nur an, dass die Osteuropäer, die den Druck, den Westen nachzuahmen, als Zumutung empfinden, «ein Gegenmodell schaffen wollen».

Dieses Gegenmodell, wie immer es aussehen mag, wird kaum darin bestehen können, bedrohte Minderheiten gegen bedrohte Mehrheiten auszuspielen. An die Stelle zunehmender Polarisierung und Spaltung müsste eher ein Minimalkonsens über verbindende, integrative Prinzipien treten. Es gibt keinen Königsweg in die Globalisierung, aber sicher auch keinen, der gänzlich an ihr vorbeiführt. Ängste kann man leicht schüren und ein Bedrohungsbewusstsein am Leben erhalten, um Stimmung zu machen und Stimmen zu gewinnen. Statt Flüchtlinge nur als bedrohliche Fremde und Feinde zu sehen, müssen deshalb unbedingt auch die Erfolge der Integration sowie die selbstverständliche Normalität eines friedlichen Zusammenlebens unterschiedlicher Bevölkerungsgruppen innerhalb Europas stärker betont werden. Krastev ist selbst aufgefallen, dass es gerade die einst multinationalen Staaten wie das Habsburger oder das Osmanische Reich vor dem Ersten Weltkrieg waren, in deren Nachfolge jetzt Politiker gewählt werden, die für die rigide Form eines ethnisch oder religiös homogenen Nationalismus eintreten: «Es ist eine Ironie der Geschichte, dass Mitteleuropa zu Beginn des 20. Jahrhunderts ein diversifiziertes Europa war, heute aber ethnisch extrem homogen ist.» Das ist jedoch keine Ironie der Geschichte, wie Tony Judt gezeigt hat, sondern eine unmittelbare Folge europäischer Gewaltpolitik. Die europäische Staatenwelt, die sich nach 1945 reorganisierte, war nämlich «durch Deportationen, Massenmord und ethnische Säuberungen in einem nie zuvor (oder danach) gegebenen Maß uniform geworden». Judt sprach in seinem Buch über die Geschichte Europas nach 1945 noch die Hoffnung aus, dass Europa wieder zu «jenem Flickenteppichmuster sprachlicher, religiöser und kultureller Vielfalt zurückfindet, das den Kontinent so lange kennzeichnete».[6]

Zehn Jahre nach Judts Analyse zeigt sich die Zukunft Europas in einem anderen Licht. Die Frage, ob sich die östlichen Staaten Europas überhaupt Schritte in Richtung ihrer ehemaligen Diversität vorstellen können oder nicht, könnte auch davon abhängen, wie sie sich an diese Gewaltgeschichte erinnern oder eben auch nicht erinnern. Im Epilog seines Buches würdigte Judt die Erinnerungskultur als einen Aspekt europäischer Leistung und eine der Triebkräfte europäischen Zusammenwachsens. Er verwies allerdings auch auf das tiefe Vergessen, Verdrängen und Verleugnen, «mit dem in Europa der Mord an den Juden umgeben wurde. Heute ist dieses Schweigen durchbrochen; jedoch haben sich neue Gräben in der Wahrnehmung aufgetan, indem die Osteuropäer auf ihrer eigenen Erinnerung an Verfolgung und Deportation *nach* 1945 beharren.»[7]

Krastevs Diagnose ist erhellend und seine Kritik berechtigt. Wenn das Projekt Europa aber eine Zukunft haben soll, können wir es uns nicht mehr leisten, die Nationalstaaten so radikal gegen den Staatenverbund der EU auszuspielen. Europa bedeutet ja nicht eine Bedrohung oder gar den Verlust der Nationalstaaten, sondern gerade auch die Chance ihres Schutzes und die Möglichkeit ihrer Weiterentwicklung. Mit seiner Tendenz zur Polarisierung zwischen Osten und Westen fällt Krastevs Analyse in die Logik des Kalten Krieges zurück. Wer sagt denn heute, dass die postkommunistischen Staaten so werden sollen wie der ‹Westen›? Der ‹Westen› war ein Konstrukt des Kalten Krieges, das längst zerbrochen ist und dem Donald Trump gerade den Todesstoß versetzt hat.[8] Die osteuropäischen Staaten sollten nicht den Westen nachahmen, sondern mitbauen an einem gemeinsamen neuen Europa. Das setzt allerdings voraus, dass Europa nicht mehr als Feindbild präsentiert, sondern als ein gemeinsames Projekt anerkannt wird. Um dieses Projekt zu retten und weiterzuentwickeln, muss jedoch zuerst ein Konsens darüber hergestellt werden, was dieses Projekt überhaupt ausmacht.

Gespaltene europäische Erinnerung

Ein Konsens über das, was das Projekt Europa und seine Zukunft ausmacht, bleibt so lange schwierig, wie es keine Verständigung oder Anerkennung der gemeinsamen Gewaltgeschichte gibt. Denn es ist immer noch diese Geschichte und die Art und Weise, wie sich jeweils die nationale Erinnerung ihrer bemächtigt, von der abhängt, wie die Staaten der EU auf die Globalisierung und die Erfahrung der Migration reagieren. Die britische Journalistin Natalie Nougayrède hat dieses Problem auf eine kurze Formel gebracht, als sie schrieb: «Die Zukunft Europas ruht heute auf denen, denen die Geschichte seiner Vergangenheit gehört.» («Europe's future now rests on who owns the story of its past.»)[9] Mit dieser Formel hat sie bewusst oder unbewusst ein berühmtes Zitat von George Orwell aufgenommen:

> Who controls the past, controls the future;
> who controls the present, controls the past.[10]

Orwell hat mit diesen Sätzen das Prinzip einer totalitären Gleichschaltung der Institutionen und der totalen Kontrolle von Information beschrieben. Die Voraussetzung, unter der diese Sätze gelten, lautet: «wenn alle Quellen dieselbe Geschichte erzählen». Davon sind wir in der EU zum Glück meilenweit entfernt.

Wenn es aber dennoch zu Verengungen und Ausschließungen kommt, können daran auch die bereits genannten ‹Gedächtnisrahmen› beteiligt sein (siehe oben, S. 130–133). Es gibt in der EU eine Erinnerungskonkurrenz, die lange Zeit restriktiv behandelt wurde und dabei die Ost-West-Spaltung vertieft hat. Es geht dabei um die Erinnerungskonkurrenz zwischen Hitlers Holocaust und Stalins Gulag. Während die EU die Holocaust-Erinnerung in einem offiziellen Akt in Stockholm 2000 zu einer emphatischen und verbindlichen transnationalen Erinnerung gemacht hat, verblieb die Gulag-Erinnerung in der Zuständigkeit der jeweiligen mittel- und osteuropäischen Nationalstaaten, die diese Erfahrung in ihrer kollektiven Nationalgeschichte verankerten. Die mangelnde Bereitschaft, auch die östliche Leidenserfahrung anzuerkennen und ins europäische Gedächtnis aufzunehmen, mag die betroffenen Nationen nicht weniger verbittert und auf sich selbst zurückgeworfen haben als das von Krastev sogenannte ‹Nachahmungsgebot›. Diese deutliche Asymmetrie im europäischen Gedächtnis beruhte auf einem Denkverbot. Die beiden Totalitarismen des nationalsozialistischen Faschismus und des Stalinismus durften nach der Wende auf keinen Fall, wie es Hannah Arendt in ihrem einschlägigen Buch getan hatte, in einem Atemzug unter dem Label ‹Totalitarismus› vereinigt werden. Dieses Veto hat unter anderem der israelische Historiker und Mitbegründer der Stockholmer Erklärung Yehuda Bauer zu einer Diskurs-Norm erhoben und damit einen verbindlichen Denkrahmen für ‹westliche› Intellektuelle geschaffen. Tatsächlich geht es hier aber gar nicht um die schlagende und völlig unstrittige historische Differenz beider Verbrechen, die auf keine Weise eingeebnet oder bagatellisiert werden darf, sondern um die Frage, ob die eine Geschichtserinnerung die andere auf europäischer Ebene dauerhaft aussperren und verdrängen sollte.

Es haben sich auf europäischer Ebene längst Vertreter zentral- und osteuropäischer Staaten für eine Erweiterung des europäischen Gedächtnisses eingesetzt und dafür plädiert, den 23. August 1939, den Tag des Hitler-Stalin- bzw. Ribbentrop-Molotow-Pakts, in den Gedenkkalender der EU aufzunehmen. Dieser Pakt hat beiden Diktatoren im Zweiten Weltkrieg durch gegenseitige Zugeständnisse erhebliche Freiheiten für ihre unterschiedlichen Formen von Gewaltpolitik eingeräumt. Das Europäische Parlament hat diesen Antrag bereits 2009 angenommen, doch ist dieser Beschluss bisher eher folgenlos geblieben, weil er anders als die Holocaust-Erinnerung nicht mit einer internationalen ‹task force› und konkreten Projekten der Umsetzung verbunden wurde.

Auch an diesem Punkt könnte sich langsam etwas ändern. Wieder sind es die Künstler und Schriftsteller, die als

Seismographen des Vergessens Zeitschichten und individuelle Schicksale rekonstruieren, die aus den gesellschaftlichen Thematisierungs- und Aufmerksamkeitsrahmen gefallen sind. Der Ausblick von Andreas Platthaus auf den Literaturherbst 2018 zum Beispiel kündigt vier voluminöse deutschsprachige Romane an, die «für Aufsehen sorgen werden, weil sie die zentrale Erfahrung des zwanzigsten Jahrhunderts, die totalitäre Gewalt, jeweils so zur Sprache bringen, dass es einem den Atem verschlägt».[11] Einer dieser Romane, *Schermanns Augen* von Steffen Mensching, führt die Leser zurück ins Jahr 1940 in das Ausbeutungssystem des Gulag in Sibirien und in die «bizarre Zwischenkriegszeit des Hitler-Stalin-Pakts mit all ihren politischen Unsicherheiten».

Die bereits genannte Natalie Nougayrède hat im *Guardian* – sozusagen aus einer neutralen Beobachterposition – einen wichtigen Kommentar zum engen Zusammenhang zwischen Erinnerungskultur, historischer Wahrheit und europäischer Integration veröffentlicht.[12] In ihrem Text zählt sie verschiedene «historical hang-ups» auf, die Europa derzeit spalten. Darunter versteht sie Erinnerungskomplexe und -blockaden, die mit politischem Sprengstoff beladen sind. Diese Debatten, so stellt sie fest, «haben in Europa eine besondere Bedeutung, weil das europäische Projekt von Anfang an auf die Überwindung historischen Hasses und Akte der Versöhnung ausgerichtet war. Die EU, wie sie heute existiert, ist nicht aus einer Herrschaft durch Sieg und Waffengewalt und auch nicht aus dem Einfrieren von Konflikten in einem Waffenstillstand hervorgegangen, sondern aus geduldiger, nachdenkender Annäherung. Die Deutschen nennen das ‹Vergangenheitsbewältigung›, ein Wort, das schwer zu übersetzen ist. Es steht für Verschiedenes wie die Vergangenheit deuten, sie anerkennen, Lehren aus ihr zu ziehen und mit ihr leben zu lernen.» Für sie ist das europäische Projekt nicht nur ein Mittel gegen Krieg, sondern, nicht weniger wichtig, auch ein Mittel gegen die Verfälschungen der Geschichte. Sie konstatiert ein Missverhältnis zwischen den vielen offiziellen Europa-Reden auf der einen Seite und der Abwesenheit von Ereignissen, Aussagen, Erziehungsprogrammen oder Museen, in denen Europas komplexer Teppich von Nationalgeschichten so zusammengeführt wird, dass dabei die Lebensweisen, Geschichten und Erfahrungen der anderen sichtbar werden. «Solange jedoch die Europäer ihre Miteuropäer ausschließlich durch die Linse ihrer eigenen Nationalgeschichte betrachten, wird sich der psychologische Graben zwischen Ost und West sowie zwischen Nord und Süd weiter vertiefen.»

Nougayrède warnt auch vor einer neuen Form des Vergessens, die aus der fortschreitenden Fragmentierung historischer Erzählungen resultiert. Es wird zwar immer mehr erinnert, aber was jeweils erinnert wird, hat immer weniger Bezug zueinander. «Alles ist verfügbar, ein Konsens über grundlegende Fakten ist dabei aber nicht mehr garantiert.» Deshalb sind Initiativen so wichtig wie zum Beispiel das Gemeinschaftswerk *Europa – Notre Histoire*, an dem viele europäische Historiker über die nationalen Grenzen hinweg zusammenarbeiten, sowie Museen, die diese Geschichte aus verschiedenen Perspektiven zeigen, ohne dabei den historischen Zusammenhang aus den Augen zu verlieren.

Das koloniale Erbe Europas

Für das Jahr 2018 hat die EU das Motto ‹Sharing Heritage› ausgegeben. Was man untereinander kommuniziert und gemeinsam wertschätzt, pflegt und weitergibt, so die Idee dieser Initiative, soll die Bande der europäischen Partnerschaft stärken. Allerdings kann man sich nicht immer aussuchen, was man als gemeinsames Erbe vorfindet. Zum Beispiel ist die EU auch eine Erbengemeinschaft, deren Nationen eine gemeinsame Geschichte mit ihren ehemaligen Kolonien verbindet. Das Friedensprojekt wird in Europa immer an erster Stelle der europäischen Errungenschaften erwähnt. Dieser Europastolz ist berechtigt, aber er ist kein Kissen, auf dem man sich ausruhen kann. In diesem Zusammenhang wäre zum Beispiel zu erwähnen, dass während des Kalten Krieges drei europäische Länder Kriege geführt haben, die alle etwas mit ihren (ehemaligen) Kolonien zu tun hatten: Frankreichs Indochinakrieg (1946–1954) und Algerienkrieg (1954–1962), Portugals Krieg in Afrika (1974) und Großbritanniens Falklandkrieg (1982).

Es wird immer offensichtlicher, dass die Fokussierung der europäischen Erinnerung auf die beiden Weltkriege und den Holocaust lange eine andere Zeitschicht verdeckt hat, und das ist die europäische Kolonialgeschichte. Heute ist gut bekannt, dass es im westlichen Nachkriegsdeutschland personelle Kontinuitäten in Gestalt von NS-Funktionären gab. In Westdeutschland kam zum Beispiel umgehend Hans Globke als Konrad Adenauers Staatssekretär wieder zu Einfluss und Ansehen, der 1936 einen juristischen Kommentar zu den Nürnberger Rassengesetzen verfasst hatte und dafür verantwortlich war, dass Juden durch Namensänderungen von der NS-Bürokratie leichter erfasst werden konnten. In Adenauers Nachkriegszeit gab es aber auch, was erst jetzt wieder Beachtung findet, eine Kontinuität kolonialer Mentalität, denn nach dem Kampf um Territorien kam die Jagd auf Rohstoffe. In einer neuen Studie haben zwei skandinavische Forscher ein Licht auf die kryptokolonialen Projekte der europäischen

Nachkriegsära geworfen.[13] Sie konnten zeigen, dass das Friedens- und Integrationsprojekt der Europäischen Wirtschaftsgemeinschaft (EWG) mit der gemeinsamen Anstrengung Hand in Hand ging, geopolitischen und ökonomischen Einfluss in Afrika zu gewinnen.

Gleichzeitig mit der Integration Europas vollzog sich in den 1950er und 1960er Jahren die Dekolonisierung Afrikas. Wie die einschlägigen Strategiepapiere jener Jahre zeigen, verbanden sich diese beiden Prozesse zu einer veränderten neokolonialen Vision: «Europa wird als Einheit nur bestehen, wenn seine Bande mit weiteren Ländern und abhängigen Territorien mit einbezogen werden. Natürlich ist die Ära des nationalen Eigentums kolonialer Länder Geschichte. (...) Von jetzt an sollte aber eine gemeinsame Europäische Entwicklungspolitik bestimmter Regionen Afrikas mit Konsequenz betrieben werden.»[14]

Ein weiteres Zitat von Heinrich von Brentano, dem Außenminister Adenauers, macht den Punkt noch deutlicher: «Ressourcen und Rohstoffe, die in Übersee-Regionen vielfältig und reichhaltig zur Verfügung stehen, sollten die notwendige Grundlage legen für den gemeinsamen Markt der gesamten Europäischen Gemeinschaft.»[15] ‹Entwicklung› war das Zauberwort dieser Phase des wirtschaftlichen Aufbruchs. Es stammt aus dem Vokabular einer Modernisierungs- und Fortschrittskultur, in der sich noch kein Umweltbewusstsein gebildet hatte und die auch gegenüber postkolonialen Einsichten noch weitgehend immun war. Da europäischer Aufschwung und Wohlstand durch einen Markt gesichert werden sollten, der seine Ressourcen aus dem afrikanischen Kontinent zog, beruhten Modernisierung und Globalisierung weiterhin auf neo-kolonialen Prinzipien und Strategien. Die Rückholung von Europas langer und verschränkter kolonialer Geschichte ist deshalb ein wichtiges Desiderat für die Festigung der Zukunft Europas. Wo sich die National-staaten bisher schwertun und was sie zum Teil noch empha-tisch verweigern, das könnte auf der Basis eines gemeinsa-men selbstkritischen europäischen Gedächtnisses leichter in Gang gebracht werden. Zusammen mit anderen europäi-schen Mitgliedstaaten und ihren ehemaligen Kolonien könnte die gewaltsame Beziehungsgeschichte aufgehellt und endlich auch zu einem allgemein anerkannten Teil des euro-päischen Erbes werden.

Während die Erinnerung an die Weltkriege und den Ho-locaust eine wichtige Bedeutung für die Einigung Europas hatte, hat die gemeinsame und je einzelne Kolonialgeschichte bisher noch keinen Platz im europäischen Bewusstsein und ist kaum im europäischen öffentlichen Raum repräsentiert. Als Pierre Nora sein dreibändiges Werk der französischen Er-innerungsorte (*Les lieux de mémoire*, 1984–1992) publizierte, bezog sich nur ein einziger dieser 100 Erinnerungsorte auf die französische Kolonialgeschichte. 2005 erließ der französi-sche Präsident Jacques Chirac einige sogenannte ‹Erinne-rungsgesetze›. Eines davon betraf den Umgang mit der fran-zösischen Kolonialgeschichte, die ausschließlich in einem positiven Licht erscheinen sollte. Dieses Gesetz wurde von Sarkozy noch einmal bestätigt, bis es auf Drängen der Histo-riker wieder abgeschafft wurde.

Wie für andere Geschichten der Repression und Gewalt gilt auch für die Kolonialgeschichte, dass es ohne eine Anerkennung der Verbrechen und Entschädigungen der Opfer keine Versöhnung geben kann. Während die Natio-nen in Europa ihren Frieden miteinander gemacht haben, sind die Nationen außerhalb Europas, die von der langen Kolonialgeschichte unmittelbar betroffen sind, noch keineswegs befriedet und versöhnt. Frankreich und Algerien zum Beispiel haben ihren ‹Élysée-Vertrag› noch nicht unterschrieben.[16] Auch Europa wird seinen Frieden nicht dauerhaft halten können, wenn es sich nur auf seine Binnenbeziehungen beschränkt; vielmehr muss es auch Verantwortung außerhalb seiner Grenzen in der globalisierten Welt wahrnehmen.

Dafür gibt es zurzeit reichlich Gelegenheit. Der Schauplatz für die aktuelle Debatte sind europäische Museen, die ihre Bestände in der Kolonialzeit angelegt oder aufgefüllt haben. Höhepunkt dieser Phase war die Zeit von 1860 bis 1914, als in Europa imperiale Expansion, die Aneignung fremder Ressourcen und ein Boom von Technik und Wissenschaft zusammenkamen. Das war auch die Zeit, in der sich Kunstschätze aus aller Welt in europäischen Museen stapelten. Besonders die Museen der großen Metropolen Paris, London und Berlin wetteiferten damals um die Rolle, als größter und wichtigster Hüter und Besitzer des kulturellen Welterbes aufzutreten.

In Deutschland ist die Debatte mit der Eröffnung des Humboldt-Forums im rekonstruierten Berliner Stadtschloss entbrannt, in dem, so ein Vorschlag von vor 18 Jahren, die Bestände der ethnologischen Sammlung gezeigt werden sollen. Indem sich jetzt die Aufmerksamkeit auf diese 500 000 Objekte richtet, werden erstmals der ganze Umfang und die Bürde dieser Altlast sichtbar. Bevor Probleme der Restitution von Kunstwerken und der Repatriierung menschlicher Überreste angegangen werden, ist erst einmal die Frage nach der Provenienz dieser Kulturgüter zu klären und eine kommunikative Beziehung zu den jeweiligen Herkunftsorten aufzubauen. Die Geschichte der Aneignung und des Raubs, die damals in Kriegs- oder Kolonialzeiten begann, muss heute mit den betroffenen Staaten und Regierungen unter würdigen Bedingungen zu Ende gebracht werden.

Man ist sich dabei einig, dass der Begriff der ‹Provenienzforschung›, der Ende der 1990er Jahre für die Ermittlung jüdischer Besitzer von geraubtem Kulturgut aus der Zeit des Nationalsozialismus entwickelt wurde, inzwischen auch auf diese Bestände aus der Kolonialzeit anzuwenden ist. In ihrem Koalitionsvertrag hat sich die neue deutsche Regierung ausdrücklich zur Aufarbeitung der Provenienzen von Kulturgut aus kolonialem Erbe in Museen und Sammlungen bekannt. Der französische Präsident Emmanuel Macron ist noch einen entscheidenden Schritt weiter gegangen. Ende 2017 hat er in einer Rede in Burkina Faso angekündigt, dass er innerhalb von fünf Jahren die Rückgabe oder den Verbleib von Kunstschätzen im Einvernehmen mit den betroffenen afrikanischen Staaten regeln will. Mit der Leitung der Kommission zur Restitution kolonialer Kunst hat Macron Bénédicte Savoy und den senegalesischen Wissenschaftler Felwine Sarr beauftragt.

Bénédicte Savoy ist inzwischen auf den Lehrstuhl für die «Kulturgeschichte des künstlerischen Erbes in Europa zwischen dem 18. und 20. Jahrhundert» am Collège de France in Paris berufen worden. Die Publikation ihrer Antrittsvorlesung, die sie im März 2018 gehalten hat, ist zu einem Bestseller geworden. Die Kunsthistorikerin hat darin ihre Gedanken und Wünsche, die ihr «nach vielen Jahren intensiver Forschung über die Geschichte des Menschheitserbes in den europäischen Museen in den Sinn kommen», zusammengefasst und obendrein auch noch wichtige Rahmenbedingungen für die Zukunft dieser Geschichte im 21. Jahrhundert skizziert.[17] Die Institution des Museums, dessen Geschichte sie erforscht hat, ist ein privilegierter Ort, an dem Kultur nicht nur gesammelt, aufbewahrt und ausgestellt, sondern auch hervorgebracht, gebildet und gelebt wird, «Ort einer physischen Begegnung mit fremden Welten, das Archiv der menschlichen Kreativität, einer jener Orte, wo die Geschichte die Zukunft anbahnt» (S. 48). Mit dieser Rede hat sie eine Wende in der Geschichte der Museen und des kulturellen Erbes von einer nationalen zu einer transnationalen und globalen Perspektive vollzogen.

Kultur wird von ihr als ein Prozess und Beziehungsgeschehen verstanden, das sich über Austausch, Transfers, Verflechtungsgeschichten, Mobilität und Migration vollzieht. Die europäische Kultur greift schon deshalb immer wieder in weit entfernte kulturelle Räume aus, weil sie mit einem besonderen Willen zur Macht, zur Eroberung, zur Erforschung und Aneignung ausgestattet ist. Die Allegorie für diese europäische Kulturhoheit ist für Savoy eine Statue des Hieroglyphenentzifferers Jean-François Champollion, der vor dem Collège de France in meditativer Denkerpose steht, aber wie ein Raubtierbezwinger einen Fuß auf den zerbrochenen Kopf eines altägyptischen Pharaos setzt. Ihr Projekt besteht darin, «das Ungedachte des Kulturerbes und der europäischen Museen zu denken». Deshalb haben die Exponate der kolonialen Museen für sie eine glanzvolle Schauseite und eine Rückseite, die «lichtlos und dunkel» ist, «geprägt durch symbolische oder reale Gewalt» (S. 28). Als Rückseite des europäischen Erfinder-, Entdecker- und Siegerstolzes nimmt sie eine Geschichte der Enteignungen und Trauer wahr und fügt diese beiden Seiten der Bereicherung und der Beraubung, der Gewinner und der Enteigneten wieder zusammen zu der einen Geschichte, die sie einmal war.

Aus dieser kognitiven und moralischen Position heraus entwickelt sie ihr Projekt und Programm für die Zukunft des kulturellen Erbes. An diesem Punkt kommt sie auf das Lernen der Europäer aus ihrer Geschichte zu sprechen. «Die gute Nachricht ist unsere Fähigkeit zur Empathie durch die Erfahrung der Geschichte der Feindschaften zwischen unseren Nationen, die nach dem Zweiten Weltkrieg mühsam überwunden wurden. Wir haben in uns selbst die Kraft, die Traurigkeit oder die Wut oder den Hass derer zu verstehen, die in anderen Breitengraden, weiter weg, ärmer, schwächer, in der Vergangenheit Opfer des ‹intensiven Absorptionsvermögens› unseres Kontinents geworden sind.» (S. 50) Vor diesem Hintergrund wird es möglich, «die Objekte in unseren Museen wieder mit der Geschichte ihrer Herkunft zu verbinden – und mit den Menschen, die heute dort leben, wo die Objekte früher einmal waren» (S. 54). Nur durch diese Geschichte hindurch kann der «Blick für eine mögliche Zukunft des Weltkulturerbes» geöffnet werden. Über diese Zukunft muss «mit Menschen aus allen Regionen der Welt, aus denen Objekte zu uns gelangten», gesprochen werden, denn «wir haben viel zu lernen von denen, die uns so bereichert haben» (S. 57). Der Begriff ‹shared heritage› erhält dabei einen neuen, weit über den europäischen Horizont hinausgehenden Sinn, und die Museen gewinnen neue Standards für eine dialogische Erinnerung und eine gemeinsame Pflege und Würdigung des Welterbes.

Epilog

Da sich Europa zwischen 1945, 1989 und 2015 drei Mal grundlegend verändert hat, standen zu verschiedenen Zeiten andere Aufgaben, Chancen und Herausforderungen im Mittelpunkt. Während des Kalten Krieges zum Beispiel standen zunächst die Befriedung und die gegenseitige Annäherung entlang der westlichen Grenzen sowie, in Deutschland, der Aufbau der Demokratie im Vordergrund. Die *beiden ersten Lehren aus der Geschichte*, die Friedenssicherung und die Demokratisierung, wurden unmittelbar nach dem Zweiten Weltkrieg gelernt und unter veränderten historischen Umständen erneuert. Nach dem Fall der Mauer und dem Zerfall des Ostblocks hatten sie ihre zweite historische Stunde. Die historische Chance, die die westeuropäischen Nationen nach dem Ende des ‹heißen› Zweiten Weltkriegs hatten, bot sich nun zeitversetzt auch für die mittel- und osteuropäischen Nationen nach dem Ende des ‹Kalten› Krieges.

Aber nicht alle Lehren, die aus der Geschichte gezogen wurden, gelten für immer. Manche mussten revidiert werden wie die Lehre, die Churchill nach 1945 aus der Geschichte zog, als er einen dicken Schlussstrich unter die Gewaltgeschichte des Zweiten Weltkriegs setzte und sich für das heilende Vergessen entschied. Das Vergessen hat den Wiederaufbau begünstigt und die europäische Gemeinschaft gefestigt, aber dies geschah auf Kosten der Holocaust-Opfer, die wie zum Beispiel Jean Améry in Deutschland keine gesellschaftliche Resonanz fanden. Erst ein halbes Jahrhundert später wurde mit der Stockholmer Erklärung im Jahr 2000 der Holocaust zu einer verbindlichen und die (westlichen) Mitgliedstaaten der Europäischen Union verbindenden Erinnerung. Im Westen wie im Osten war die Eiszeit der Erinnerung mit dem Ende des Kalten Krieges vorbei. Im Osten erwachte die Geschichte, wie damals Frank Schirrmacher schrieb,[1] und mit ihr kamen die Nationalgeschichten von Staaten wieder hoch, die 40 Jahre lang durch das Regime des sowjetischen Internationalismus verdrängt worden waren. Im Zentrum dieser Geschichten stand, wie die nationalen Museen in Tallinn, Riga, Vilnius, Budapest oder Warschau bezeugen, vorwiegend das Trauma des Gulag und der stalinistischen Repressionen. Im Westen tat die Öffnung der osteuropäischen Archive das Ihre, um zugleich auch die Rückkehr der sperrigen historischen Wahrheit zu befördern, was der Geschichtsforschung einen neuen Anstoß gab und historische Kommissionen hervorbrachte, die etliche nationale Narrative veränderten. Im Zuge dieser erneuten Konfrontation mit der Geschichte über fünf Jahrzehnte des Schweigens hinweg bildeten viele europäische Staaten einen selbstkritischen Umgang mit der eigenen Vergangenheit aus, für den das neue Schlagwort der ‹Erinnerungskultur› geprägt wurde, die ich hier als eine *dritte Lehre aus der Geschichte* vorgestellt habe.

Die *vierte Lehre aus der Geschichte* ist die Wiederentdeckung der Menschenrechte. Die Menschenrechte wurden 1948 noch einmal deklariert und sind eine zentrale Mitgift für die Neugründung Europas. Ohne Zweifel war diese Deklaration vor den Vereinten Nationen ein Schlüsselereignis in der europäischen Geschichte. Wir dürfen auch nicht vergessen, dass die Menschenrechte nach 1945 und 1990 in die neuen demokratischen Verfassungen in Europa eingeschrieben wurden. Die zweite Lehre und die vierte Lehre, Demokratisierung und Menschenrechte, sind in der Geschichte der EU somit eng miteinander verbunden. Doch nicht alles, was sich in der Geschichte ereignet und in die Verfassung hineingeschrieben wird, hat automatische Konsequenzen. Diskurse und Deklarationen sind das eine, praktische Konsequenzen, akute Forderungen und Umsetzungen in Notsituationen sind das andere. In diesem Sinne verblieben die Menschenrechte in einer langen Phase der Latenz, bis sie in Europa 2015 mit der Flüchtlingskrise unabweisbar auf der Tagesordnung standen. Erfahrungen von Flucht und Vertreibung haben das ganze 20. Jahrhundert begleitet. Jetzt aber standen die Europäer nicht mehr auf der Seite der Geflüchteten, sondern auf der der Aufnehmenden.

Friedenssicherung, Demokratisierung und Rechtsstaatlichkeit haben Verhältnisse geschaffen, von denen man in anderen Ländern nur träumen kann. Nachdem die EU ihre Lehren aus der Geschichte gezogen hat, stellt sich diese Region für die umliegenden Gebiete, die von Bürgerkriegen zerrissen und von Gewalt heimgesucht sind, als ein sicherer Hafen dar. Die Gewalt, die aus Europa nachhaltig verbannt wurde, ist in vielen Krisengebieten aufgeflammt, die nun ihren Druck auf Europa ausüben. Unter diesen Umständen hat nicht nur das Menschenrecht auf Asyl eine ganz neue Bedeutung gewonnen, die Menschenrechte insgesamt sind zum äußersten Testfall der Identität der EU geworden.

Die vier Lehren, die die EU über eine Strecke von mehr als 70 Jahren aus der Geschichte gezogen hat, können als regulative Ideen und moralische Prinzipien gelten. Das Lernen aus der Geschichte hört nie auf; es ist ein Prozess, der die

Einigung Europas ermöglicht hat, seine Entwicklung begleitet und gegenwärtig seine offene Zukunft bestimmt. Deshalb sind diese Lehren erweiterbar, aber nicht revidierbar,
weil sie zum Kanon der Grundsätze gehören, die die Identität, Wiedererkennbarkeit, Kontinuität und Verantwortlich-
keit der EU begründen und sicherstellen.

Wir stehen heute an einem Scheideweg, an dem die EU
ihre Identität aufkündigen und durch eine andere ersetzen
kann. Dann wäre es aber nicht mehr derselbe Staatenverbund, der 1945 angetreten ist, um aus der Geschichte zu lernen. Die Alternativen, die sich heute an vielen Orten auftun,
sind angetrieben von der Sehnsucht nach Einfachheit, Sicherheit und Abschottung in einer komplex gewordenen
Welt. Hinzu kommt eine tiefe Sehnsucht nach Größe und
Stolz der eigenen Nation. Beide Alternativen bedeuten eine
Rückkehr ins 19. Jahrhundert und eine Aufkündigung des
europäischen Projekts. Das Jahr 2018 steht in der EU im Zeichen des Mottos ‹Shared Heritage›. Ich schlage deshalb vor,
die vier Lektionen, die die Europäer aus der Geschichte gelernt haben, als gemeinsames Erbe ins leere Zentrum des europäischen Sternenkreises hineinzuschreiben. Die Wirkkraft
dieser Lehren hat sich keineswegs erschöpft. Als ‹europäischer Traum› sind sie weiterhin zukunftstauglich und bilden
die Grundlage für das unvollendete europäische Projekt, das
es umzusetzen und weiterzuentwickeln gilt.

Die EU unterscheidet sich von anderen Nationalstaaten
darin, dass sie aus der Katastrophengeschichte des 20. Jahrhunderts gelernt und eine transnationale, selbstkritische Erinnerung ausgebildet hat. In diesem Sinne haben sich die
Europäer von der bereits zitierten Devise von Johan Huizinga leiten lassen und ihre Geschichte als die geistige Form
begriffen, «in der eine Gesellschaft sich Rechenschaft von

ihrer Vergangenheit ablegt». Bei dieser Rechenschaft spielen die Toten eine wichtige Rolle. «Erinnerungen aus dem Totenhaus. Ein Versuch über das moderne europäische Gedächtnis» – so hat Tony Judt den Epilog seines Buches über das Nachkriegseuropa überschrieben.[2] Mit einem Denkmal wie dem ‹Ring der Erinnerung›, den Frankreichs Präsident Hollande im November 2014 für die Toten des Ersten Weltkriegs eingeweiht hat, wurden die ehemals gegeneinander kämpfenden Truppen in einem europäischen Gedenken und einer die nationalen Grenzen überschreitenden Trauer vereinigt. Ein weiteres Beispiel ist das Holocaust-Mahnmal im Zentrum Berlins für die Erinnerung an die Ermordung der europäischen Juden, die von dort aus geplant und an unzähligen konkreten Orten akribisch durchgeführt wurde. Ja, die EU hat diese Toten in ihr Gedächtnis aufgenommen, aber sie tut dies weder, um sich morbide an der Vergangenheit festzuhalten, noch, um Tod und Gewalt zu verherrlichen, sondern im Gegenteil, um die Toten zu betrauern, Gewalt zu überwinden und Wege für eine gemeinsame Zukunft zu öffnen. Vergangenheit, Gegenwart und Zukunft sind in diesen Akten des Erinnerns untrennbar miteinander verschränkt.

Friedenssicherung, Rechtsstaatlichkeit, eine selbstkritische Erinnerung und die Achtung der Menschenrechte – taugen diese Lehren aus der Geschichte noch für die Gegenwart und Zukunft? Mehr denn je, wie ich meine. Das Mittelmeer, einst Symbol des Lebens, ist heute zu einem Symbol des Todes geworden. Dort haben Tausende ihr Massengrab gefunden auf ihrer verzweifelten Suche nach Asyl und Schutz vor Krieg, Terror und Gewalt. Diese Ereignisse sind aber noch keine Vergangenheit, auf die man sich irgendwann einmal im Modus des Gedenkens oder der Reue zurückbeziehen wird, sondern eine Gegenwart, auf die wir hier und jetzt reagieren müssen. Hier sind es gerade auch die Künstlerinnen und Künstler, die die Aufmerksamkeit auf das lenken, wovor die Gesellschaft die Augen verschließt, und sie an das erinnern, was sie gerade am liebsten vergessen würde. Im Februar 2016 zum Beispiel, während der Berlinale, brachte Ai Weiwei Tausende von Schwimmwesten ertrunkener Flüchtlinge nach Berlin und dekorierte mit ihnen die Säulen des Konzerthauses am Gendarmenmarkt. In Wien hat er die Schwimmwesten wie Lotosblüten im Teich des Parks von Schloss Belvedere arrangiert. Noch einen Schritt weiter ging die Künstlergruppe ‹Zentrum für Politische Schönheit› (ZPS), die sich als «ein Thinktank für moralische Schönheit, politische Poesie und menschliche Großgesinntheit» definiert und als ihr Grundanliegen eine «humanitäre Kurskorrektur der Gegenwart, die Verhinderung von genozidalem Massensterben und die Formierung eines ‹aggressiven Humanismus›» auf die Fahnen geschrieben hat.[3] Sie brachte nicht nur Relikte der Toten, sondern einige der Toten selbst nach Berlin, um sie in der Nähe des Kanzleramts und des Reichstags mit rituellen Zeremonien öffentlich zu bestatten.

«Die Toten sind die Unsichtbaren. Sie sind aber nicht die Abwesenden», hat Victor Hugo einmal geschrieben.[4] Noch deutlicher hat Georges Bernanos dieses Grundprinzip einer auf Verantwortung, Rechenschaft und Versöhnung ausgerichteten Erinnerungskultur formuliert: «Die Zukunft gehört nicht den Toten, sondern denen, die von den Toten sprechen und erklären, warum sie gestorben sind.»[5]

Anmerkungen

Vorwort

1 Pankaj Mishra, Dankesrede zur Verleihung des Leipziger Buchpreises zur Europäischen Verständigung im Gewandhaus zu Leipzig am 12. März 2014, 2014_pankaj_mishra_dankesrede.pdf (zuletzt besucht am 15.8.2018).

Erster Teil: Kann man aus der Geschichte lernen?

1 Paul Valéry, «Extrait. De l'Histoire», Erstveröffentlichung in: *Regards sur le monde actuel*, Paris 1931. Dass die Geschichte Beispiele für alles liefert, zeigt die Praxis der ‹historischen Analogien›. Die politische Rhetorik wählt ein Ereignis der Vergangenheit aus, in deren Lichte eine Entscheidung in der Gegenwart als unausweichlich zwingend dargestellt wird. Ein Beispiel dafür ist das Münchner Abkommen von 1938, das als ‹Appeasement-Strategie› in die Geschichte einging und Hitler Freiheiten zur Umsetzung seiner Gewaltphantasien einräumte. Wer immer Diplomatie verdammen und eine Hardliner-Politik umsetzen möchte, kann sich auf dieses Geschichtsdatum berufen.

Zur Geschichte der EU

1 Ernest Renan, «Was ist eine Nation?», Vortrag, gehalten an der Sorbonne am 11. März 1882, in: *Was ist eine Nation? und andere politische Schriften*, Wien, Bozen 1995, S. 57.

2 Tony Judt, *Große Illusion Europa. Gefahren und Herausforderungen einer Idee*, München 1996. Ähnlich hatte sich zuvor schon Alan Milward in seiner klassischen Studie geäußert: *The European Rescue of the Nation-State*, London 1992.

3 Natalie Nougayrède, «Europe's future now rests on who owns the story of its past», in: *The Guardian*, 13. Februar 2018.

1. Lehre: Friedenssicherung – Wie aus Erzfeinden kooperierende Nachbarn werden

1   Étienne François, Thomas Serrier (Hg.), *Europa – notre histoire. L'Héritage Européen depuis Homère*, Paris 2017, S. 194.

2   Über das Konzept des ‹Westens› und seine Geschichte arbeitet der Historiker Michael Kimmage, siehe unten, S. 204, Anm. 8.

3   Günter Grass, Czesław Miłosz, Wisława Szymborska, Tomas Venclova, *Die Zukunft der Erinnerung*, hg. von Martin Wälde, Göttingen 2001.

4   Gerhard Rosenfelds Oper *Kniefall in Warschau* mit dem Libretto von Philipp Kochheim wurde am 22. November 1997 am Theater Dortmund uraufgeführt.

5   «Nirgendwo hat es etwas Vergleichbares gegeben. Interview mit Timothy Garton Ash», in: *Süddeutsche Zeitung*, 4. Juli 2013, S. 11. In diesem Interview ging er auf die defensive Haltung von Frankreich und England ein, zwei Nationen, die «viel von (ihrer) Rolle in der Welt eingebüßt (haben)».

6   https://europa.eu/european-union/about-eu/history/2010-today/2012/eu-nobel_de (besucht am 7.8.2018).

7   Thomas Kielinger, *Elizabeth II. Das Leben der Queen*, München 2012, S. 171.

2. Lehre: Die (Wieder-)Herstellung von Rechtsstaatlichkeit oder der Umbau von Diktaturen in Demokratien

1   Seine Zuständigkeit umfasst Völkermord, Verbrechen gegen die Menschlichkeit und Kriegsverbrechen. Die Gründungscharta von Rom wird von allen Staaten der EU anerkannt; die Großmächte haben diesen Gerichtshof allerdings nie anerkannt. Insofern sind der Internationalität seiner Wirkmacht klare Grenzen gesetzt.

2   «The wrongs that we seek to condemn and punish have been so calculated, so malignant and so devastating, that civilization cannot tolerate their being ignored, because it cannot survive their being repeated.» https://www.youtube.com/watch?v=L5oOZSeDXeA. Vgl. Gudula Hörr, Die Nazi-Kriegsverbrecher in Nürnberg, 20.11.2015, http://www.n-tv.de/politik/Als-Goering-vor-Gerichtstand-article16034336.html.

3   Ich verdanke diesen Gedanken Hans Eichel, dem Hessischen Ministerpräsidenten a. D. und Bundesfinanzminister a. D., der ihn bei einer Podiumsdiskussion über die Wehrmachtsausstellung und ihre Folgen am 4. November 2016 im Rahmen einer Konferenz im Haus am Dom in Frankfurt äußerte.

4   Den Unterschied zwischen ‹Untermenschen› und ‹Nichtmenschen› habe ich bei Avishai Margalit wiedergefunden in *Politik der Würde. Über Achtung und Verachtung*, Berlin 1996, S. 106.

5   Christine Hess, *Die rechtliche Aufarbeitung von Kriegsverbrechen und schwerwiegenden Menschenrechtsverletzungen – eine Analyse aus der Perspektive der Opfer*, Göttingen 2007.

6   Paweł Machcewicz, Vortrag am Wissenschaftskolleg zu Berlin am 26. Juni 2018, Handout.

7   Norbert Frei, in: *Die Zeit*, 26. März 2009.

3. Lehre: Historische Wahrheit und der Aufbau einer deutschen Erinnerungskultur

1   Jan Philipp Reemtsma, Wozu Gedenkstätten?, http://www.bpb.de/apuz/32663/wozu-gedenkstaetten?p=all (besucht am 27.7.2018).

2   «We must all turn our backs upon the horrors of the past. We must look to the future. We cannot afford to drag forward across the years that are to come the hatreds and revenges which have sprung from the injuries of the past. If Europe is to be saved from infinite misery, and indeed from final doom, there must be an act of faith in the European family and an act of oblivion against all the crimes and follies of the past.» (Winston Churchill, Rede gehalten an der Universität Zürich, 19. September 1946, https://rm.coe.int/16806981f3, besucht am 27.7.2018.)

3   Ganz ähnlich lautete 20 Jahre später noch das Fazit Konrad Adenauers, der bei einem Besuch in Israel im Jahre 1966 dafür plädierte, «… diese Zeit der Gräuel, die man nicht ungeschehen machen kann, zu überwinden. Wir sollten sie aber nun der Vergangenheit überlassen. Ich weiß, wie schwer es für das jüdische Volk ist, das zu akzeptieren. Aber wenn guter Wille nicht anerkannt wird, kann daraus nichts Gutes entstehen.»

4   Christian Meier, *Das Gebot zu vergessen und die Unabweisbarkeit des Erinnerns. Vom öffentlichen Umgang mit schlimmer Vergangenheit*, München 2010. David Rieff konzentriert sich ebenfalls ausschließlich auf die negativen Aspekte des Erinnerns. Für ihn ist «obsessive retrospection a formula for unending vendetta». *In Praise of Forgetting. Historical Memory and Its Ironies*, New Haven, London 2016. In einem Artikel «Enough of Remembrance Day», in: *The Guardian*, 9. November 2017 schreibt der Kolumnist Simon Jenkins: «We should not be remembering, but forgetting. Almost all the conflicts in the world are caused by too much remembering: refreshing religious divisions, tribal feuds, border conflicts, humiliations and expulsions. Why else but for memory does Sunni fight Shia or Hindu fight Muslim? India and Pakistan seem unable to get over memories of Partition. What ancient grievances motivated Myanmar's viciousness against the Rohingya?»

5   Der Titel von Christian Meiers Buch zeigt bereits die Grenze für die Anwendbarkeit seiner These auf, von der er Auschwitz ausgenommen wissen möchte: *Das Gebot zu vergessen und die Unabweisbarkeit des Erinnerns. Vom öffentlichen Umgang mit schlimmer Vergangenheit.*

6   Hermann Lübbe, «Der Nationalsozialismus im politischen Bewusstsein der Gegenwart», in *Deutschlands Weg in die Diktatur*, hg. v. Martin Broszat u. a., Berlin 1983, S. 334. Vgl. auch: ders., *Vom Parteigenossen zum Bundesbürger*, München 2008.

7   *Über den Totalitarismus – Texte Hannah Arendts aus den Jahren 1951 und 1953*,
     übersetzt von Ursula Ludz, kommentiert von Ingeborg Nordmann, Dresden
     1998, S. 14.

8   Karl Jaspers: Rede anlässlich der Verleihung des Friedenspreises des Deutschen
     Buchhandels 1958, http://www.friedenspreis-des-deutschen-buchhandels.de/
     sixcms/media.php/1290/1958_jaspers.pdf (zuletzt besucht am 7.8.2018).

9   Daggi Knellessen, *Opfer als Akteure. Interventionen ehemaliger NS-Verfolgter in
     der Nachkriegszeit*, hg. im Auftrag des Fritz Bauer Instituts von Katharina Sten-
     gel, Frankfurt am Main, New York 2008, S. 11.

10   Geoffrey H. Hartman (Hg.), *Bitburg in Moral and Political Perspective*, Bloo-
     mington, IN 1986.

11   Norbert Frei, *Vergangenheitspolitik. Die Anfänge der Bundesrepublik und die NS-
     Vergangenheit*, 2. Aufl., München 1997; Edgar Wolfrum, *Geschichtspolitik in der
     Bundesrepublik Deutschland: Der Weg zur bundesrepublikanischen Erinnerung
     1948–1990*, Darmstadt 1999.

12   Zur Rolle der 68er-Bewegung vgl. Teil II, Kap. 3, S. 120–128.

13   Johan Huizinga, «A Definition of the Concept of History», in: R. Klibansky,
     H. J. Paton (Hg.), *Philosophy and History. Essays presented to Ernst Cassirer*
     (1936), Neuauflage New York 1963, S. 9.

14   Tony Judt, «The Past is Another Country: Myth and Memory in Postwar Eu-
     rope», in: *Daedalus* 121 (Herbst 1992), S. 83–119, hier S. 87, 89.

15   Matthias Middell (Hg.), *Alles Gewordene hat Geschichte. Die Schule der Annales
     in ihren Texten 1929–1992*, Leipzig 1994, S. 159.

16   Claus Leggewie, *Der Kampf um die europäische Erinnerung*, München 2011,
     S. 25.

17   Von einem solchen Zusammenspiel der Kräfte hält der Historiker Norbert Frei
     gar nichts, weil er darin nur eine Entmachtung der Historiker als der allein zu-
     ständigen Profession für die Vergangenheit sieht. Deshalb schreibt er verbittert
     sowohl gegen den Staat als auch gegen die Zivilgesellschaft an, weil er in ihnen
     gefährliche Konkurrenten der Historiker sieht. Den Gedenkstättenvertrag zum
     Beispiel kritisiert er als eine illegitime Form «staatlicher Geschichtsbemächti-
     gung» und gießt seinen Spott aus über das Unwort «Erinnerung»: «Unter dem
     Tugendwort der Erinnerung scheint weiten Teilen der politischen Klasse jeder
     Begriff von den Vorzügen einer Geschichtsschreibung, die sich unabhängig von
     politischen Identitätsstiftungsversuchen und Nützlichkeitserwägungen entfal-
     tet, abhandengekommen zu sein.» *Die Zeit*, 26. März 2009.

4. Lehre:
Die Wiederentdeckung der Menschenrechte

1   René Cassin (1887–1976) war nach dem Zweiten Weltkrieg Vizepräsident
     des Internationalen Gerichtshofs der Menschenrechte. Er gehört auch zu
     den Gründern der UNESCO und erhielt für sein Lebenswerk 1968 den
     Friedensnobelpreis. Sein Preisgeld setzte er für die Gründung des «Interna-

tionalen Instituts für Menschenrechte» in Straßburg ein, eine Fortbildungsstätte für Juristen aller Länder. Außerdem wurde er 1968 mit dem Menschenrechtspreis der Vereinten Nationen ausgezeichnet. Zur Biographie Cassins siehe Jay Winter und Antoine Prost, *René Cassin and Human Rights. From the Great War to the Universal Declaration*, Cambridge 2013.

2   1991, anlässlich des 30. Geburtstags, wurde das Mandat von Amnesty International offiziell erweitert (http://static.amnesty.org/ai50/ai50-the-history-of-amnesty-international.pdf, S. 3, besucht am 27.7.2018).

3   Sarah Czerney, *Zwischen Nation und Europa. Nationalmuseen als Europamedien*, Diss., Frankfurt am Main 2017, S. 207.

4   Ebd., S. 207.

5   Ebd., S. 211.

6   Selbstbeschreibung des ECS auf der Homepage http://www.polnisches-institut.at/7,1,142,de,Europaisches_Solidarnosc_Zentrum_in_Gdansk__Zum_35_Jahrestag_der_Grundung_der_Gewerkschaft_Solidarnosc.

7   https://www1.wdr.de/stichtag/stichtag4980.html (zuletzt besucht am 7.8.2018).

8   Elizabeth Jelin, *Pan y afectos: la transformación de las familias*, 2. Aufl., Buenos Aires 2010.

9   Hans Magnus Enzensberger, *Die große Wanderung. Dreiunddreißig Markierungen*, Frankfurt am Main 1994, S. 37. Vgl. Melanie Mühl, «Je ärmer einer ist, desto fremder kommt er uns vor», in: *FAZ*, 7. Juli 2018, S. 13.

10 Hannah Arendt, *Elemente und Ursprünge totaler Herrschaft*, 9. Aufl., München 2003, Teil 2, 5. Kapitel: «The Decline of the Nation-State and the End of the Rights of Man». Zitiert nach Giorgio Agamben, «Wir Flüchtlinge», in: *Bauwelt* 48 (2006), S. 15–19, hier S. 18.

11 Giorgio Agamben, 2001: «Jenseits der Menschenrechte. Einschluss und Ausschluss im Nationalstaat», in: *Jungle World* 28 (https://jungle.world/artikel/2001/27/jenseits-der-menschenrechte, besucht am 27.7.2018).

12 Arendt, *Elemente und Ursprünge totaler Herrschaft*, S. 614.

13 Hannah Arendt, «Nationalstaat und Demokratie» (1963), *HannahArendt.net, Zeitschrift für politisches Denken*, Ausgabe 1, Bd. 2, September 2006, http://www.hannaharendt.net/index.php/han/article/view/94/154 (zuletzt besucht am 7.8.2018).

14 Carolin Emcke, «Geflüchtete ohne Zuflucht», in: *Süddeutsche Zeitung*, 8. Juli 2018.

15 Klaus J. Bade, Jochen Oltmer, *Normalfall Migration*, Bonn 2004 (erhältlich unter www.bpb.de). Die Einschränkung des Asylrechts war mit Blick auf die weiteren Entwicklungen wohl geboten, aber die Formulierung des Asylkompromisses erweist sich als zu restriktiv. Sie wäre auszuweiten von politisch Verfolgten auch auf rassistisch Verfolgte und anderweitig unmittelbar in ihrer Existenz Bedrohte.

16 Wolfram Eilenberger, «Was tun?», in: *Philosophie Magazin* 2/2016, S. 42.

Der europäische Traum

1   In Malinowskis Worten, a myth «expresses, enhances and codifies belief; it safeguards and enforces morality; it vouches for the efficacy of ritual and enforces practical rules for the guidance of man» (B. Malinowski, *Magic, Science and Religion*, New York 1954, S. 101).

2   Renan, «Was ist eine Nation?», S. 56.

3   Leslie Fiedler, «Cross the Border, Close the Gap», in: Wolfgang Welsch (Hg.), *Wege aus der Moderne. Schlüsseltexte der Postmoderne-Diskussion*, Weinheim 1988, S. 57–74, hier S. 73.

4   Noam Chomsky, *Requiem für den amerikanischen Traum. Die 10 Prinzipien der Konzentration von Reichtum und Macht*, München 2017.

5   Ulrich Rüdenauer, «Der American Way of Life als Mythos», DLF Büchermarkt; https://www.deutschlandfunk.de/neues-buch-von-noam-chomsky-der-american-way-of-life-als.700.de.html?dram:article_id=400237. «Die emanzipatorischen Bewegungen der 1960er Jahre seien spätestens seit den 1970ern durch eine Großoffensive der Wirtschaft zurückgedrängt worden: Die Aufkündigung kontrollierter Wechselkurse unter Nixon, die neoliberale Mobilmachung der Reagan-Jahre, die Entfesselung des Finanzspekulantentums unter Clinton – all das habe dazu beigetragen, dass sich die USA in eine Plutonomie verwandelt hätten.»

6   Jürgen Habermas, «Sind wir noch gute Europäer?», in: *Die Zeit*, 5. Juli 2018, S. 43–44.

7   Wolf Lepenies, «Orbans Reich ist ein klarer Fall von Europaverrat», in: *Die Welt*, 25. Mai 2018; https://www.welt.de/debatte/kommentare/article17666 8166/Ungarn-Orbans-Reich-ist-ein-klarer-Fall-von-Europaverrat.html.   Unter der Internetfassung des Artikels stand die Frage: Teilen Sie die Meinung des Autors? Der Stand vom 1.6.2018: 37 Daumen rauf, 341 Daumen runter – ein Beispiel für eine «bedrohte Mehrheit»?

8   Étienne François, Thomas Serrier (Hg.), *Europa – notre histoire. L'Héritage Européen depuis Homère*, Paris 2017.

Zweiter Teil: Fallbeispiele

1. Lehre: Friedenssicherung

1   Peter Hurrelbrink, «Befreiung als Prozess. Die kollektiv-offizielle Erinnerung an den 8. Mai 1945 in der Bundesrepublik, der DDR und im vereinten Deutschland», in: Gesine Schwan u. a. (Hg.), *Demokratische politische Identität. Deutschland, Polen und Frankreich im Vergleich*, S. 71–119, hier Wiesbaden 2006, S. 83 ff.

2   Götz Aly, «Die Deutschen in der Stunde null. Mit Gewalt von sich selbst befreit.», in: ders., *Volk ohne Mitte. Die Deutschen zwischen Freiheitsangst und Kollektivismus,* Frankfurt am Main 2015, S. 138–146.

3   Heinrich August Winkler, Rede zum 70. Jahrestag des Ende des Zweiten Welt-

kriegs am 8. Mai 2015 im deutschen Bundestag, https://www.bundestag.de/
dokumente/textarchiv/2015/kw19_gedenkstunde_wkii_rede_winkler/373858
(zuletzt besucht am 7.8.2018).

4 François, Serrier (Hg.), *Europa – notre histoire*, S. 193–194.
5 Camerons Leidenschaft für den Gedenktag wird nicht von allen Briten geteilt.
   Fünf Jahre später schrieb Simon Jenkins einen Artikel mit dem Titel «Enough
   of Remembrance Day» (*The Guardian*, 9. November 2017), in dem er feststellte:
   «The wars of the 20th century are beyond the experience of the overwhelming
   majority of Britons. The composite of the Last Post, ‹lest we forget› and Oh!
   What a Lovely War is impregnated with enmity, atonement, forgiveness and
   self-congratulation. It has been reduced to the compulsory ‹corporate poppy›.
   We really ought to get over it. Next year we should draw down the curtain and
   have a Forgetting Day, a Move On Day, a Fresh Start Day.»
6 David Cameron, «Speech at Imperial War Museum on First World War cen-
   tenary plans», 11. Oktober 2012, https://www.gov.uk/government/speeches/
   speech-at-imperial-war-museum-on-first-world-war-centenary-plans.
7 Jost Dülffer hat diesen ‹Memory Boom› in der Metaphorik eines Großangriffs
   beschrieben: «Generalstabsmäßig wurde dagegen der 100. Jahrestag des Be-
   ginns des Weltkrieges von den Medien vorbereitet. Das gilt für Deutschland,
   aber auch weltweit. Über Jahre haben Wissenschaftler und Publizisten, die
   Print-, Film- und Tonmedien sowie alle Arten der politischen Bildung ihre Auftritte geplant und setzen sie jetzt um. Das läuft derzeit wie ein Uhrwerk, das
   nicht mehr zu stoppen ist. Damit hat es Ähnlichkeit mit dem deutschen
   Schlieffen-Plan zum Aufmarsch 1914, der ziemlich starr umgesetzt wurde, nachdem die Entscheidung zum Krieg erst einmal gefallen war. Der Spiegel schätzte
   Anfang des Jahres, etwa 150 Monographien seien im Anzug. Regierungen in der
   Welt, zumal in Europa, aber auch regionale staatliche und bürgerschaftliche
   Initiativen wetteifern um eine angemessene Repräsentation.» Eurozine, https://
   www.eurozine.com/die-geplante-erinnerung/.
8 Silke Arnold-de Simine und Tea Sindbæk Andersen, «Between Transnationa-
   lism and Localization: The Pan-European TV Miniseries 14 – Diaries of the
   Great War», in: *Image & Narrative 18 (1)* 2017.
9 George F. Kennan, *The Decline of Bismarck's European Order: Franco-Russian
   Relations, 1875–1890*, Princeton 1979, S. 3.

2. Lehre: Demokratisierung

1 Margherita von Brentano, in: *Die Zeit*, 16. Mai 1991. Wolfgang Schuller,
   «Deutscher Diktaturenvergleich», in: Heiner Timmermann (Hg.), *Die
   DDR – Analysen eines aufgegebenen Staates*, Berlin 2001, S. 849–857. Dazu
   Habermas: «Wo die Rechten zur Angleichung neigen, wollen die Linken
   vor allem Unterschiede sehen. Die Linken dürfen sich über die spezifi-
   schen Gemeinsamkeiten totalitärer Regime nicht hinwegtäuschen und
   müssen auf beiden Seiten denselben Maßstab anlegen. Die Rechten dürfen

wiederum Unterschiede nicht nivellieren oder herunterspielen.» Enquête-Kommission, Band IX, S. 686–694, hier S. 689.

2   Bernd Faulenbach, «Die ‹doppelte Vergangenheitsbewältigung›. Nationalsozialismus und Stalinismus als Herausforderungen zeithistorischer Forschung und politischer Kultur», in: Jürgen Danyel (Hg.), *Die geteilte Vergangenheit. Zum Umgang mit Nationalsozialismus und Widerstand in beiden deutschen Staaten,* Berlin 2004.

3   In seinem Buchenwald-Roman *Nackt unter Wölfen* (1958) hat Bruno Apitz dem Selbstbefreiungsmythos der DDR eine populäre Form gegeben.

4   Fritz Bauer in einem privaten Brief aus dem Jahre 1962, zit. von Alexandra Senfft, *Der lange Schatten der Täter. Nachkommen stellen sich ihrer NS-Familiengeschichte,* München, Berlin, Zürich 2016, S. 19. Vgl. zur rezenten Rezeption Fritz Bauers: Nicolas Berg, «Selbstansprachen der Gegenwart: Die Spielfilme Fritz Bauers im Kontext seiner Rezeptions- und Wirkungsgeschichte», in: *Bulletin des Fritz Bauer Instituts,* Einsicht 16, Herbst 2016, S. 38–47.

5   Wolfgang Schuller, *Die deutsche Revolution,* Berlin 2009.

6   http://www.bpb.de/geschichte/deutsche-geschichte/kontraste/42487/eroeffnung-der-gauckbehoerde (2005). Auch Norbert Frei vergleicht die Situation nach 1945 und nach 1989: «Die Tatsache, dass eine intensive öffentliche Debatte über die DDR-Vergangenheit entstand und sich schnell über den Kreis der Bürgerrechtler hinaus entfaltete, muss nicht zuletzt als ein kritischer Reflex auf die Geschichte des bundesdeutschen Umgangs mit der NS-Vergangenheit verstanden werden.» *Die Zeit,* 26. März 2009, S. 15.

7   Aussage aus einem Filmdokument über die allererste Einsichtnahme in die Akten seitens der Bürgerrechtler.

8   Interview mit Roland Jahn: «Akten müssen immer zugänglich sein», in: *Der Tagesspiegel,* 14. Januar 2013.

9   Als eine Erfolgsgeschichte ist das langwierige Verfahren gegen Josef Schwammberger anzuführen, der im besetzten Polen Kommandant verschiedener Zwangs- und Arbeitslager war. Dank der Ermittlungen des Leiters der Zentralen Stelle Kurt Schrimm und der Unterstützung Simon Wiesenthals konnte Schwammberger, der sich nach Argentinien abgesetzt hatte, 1991/92 in Stuttgart vor Gericht gestellt werden. Der Spiegel übte damals eine doppelte Kritik an diesem Verfahren: 1.: «Die späten, heillos verspäteten NS-Prozesse lehren nichts mehr.» 2.: Vor Gericht werden nur die niedrigen Chargen gestellt, an die die Umsetzung des Mordbefehls erging, und nicht die Chefideologen, deren Handeln nicht justiziabel ist. Gerhard Mauz, «Stellvertretend für das System», in: *Der Spiegel,* 13. April 1992.

10   http://www.zentrale-stelle.de/pb/,Lde/Startseite/Einrichtung/Ausblick. Die Zentrale Stelle beherbergt inzwischen auch einen Teil des Bundesarchivs; es wird ergänzt durch die Forschungsstelle Ludwigsburg der Universität Stuttgart sowie einen Förderverein für die Arbeit mit Schulen. All das bestätigt die Bedeutung der Zentralen Stelle als Ort der Dokumentation, der Forschung und der Bildung.

11 Christian Schüle, «Die Toten kehren heim», in: *Die Zeit*, 22. Mai 2003, S. 22.

12 Walther L. Bernecker, Sören Brinkmann, *Kampf der Erinnerungen. Der Spanische Bürgerkrieg in Politik und Gesellschaft 1936–2006*, Nettersheim 2006.

13 Paul Ingendaay, «Einen Nationalsalat, bitte!», in: *FAZ*, 1. April 2009, S. 33. In diesem Artikel beschreibt der Autor 70 Jahre nach dem «Tag des Sieges» am 1. April 1939 die weiter bestehenden einseitigen Symbole der Memorialpolitik Francos.

14 Alexander Etkind, «Post-Soviet Hauntology: Cultural Memory of the Soviet Terror», in: *Constellations: An International Journal of Critical and Democratic Theory* 16 (1) 2009, S. 182–200.

15 Paul Ingendaay, «Einen Nationalsalat, bitte!», in: *FAZ*, 1. April 2009, S. 33. In diesem Artikel wird auch auf die ausländische Presse verwiesen: «Der ‹International Herald Tribune› schrieb in einem Leitartikel, nicht Garzóns Ermittlungen, sondern die Taten des Franco-Regimes seien das Verbrechen, das zu Debatte stehe, und nannte den Prozess gegen Garzón eine ‹Justizparodie›.»

16 http://www.von-nuernberg-nach-den-haag.de/seite1/die-universelle-gerichtsbarkeit-fur-menschenrechtsverbrechen/.

17 http://en.wikipedia.org/wiki/Universal_jurisdiction.

18 Ulrike Capdepón, *Vom Fall Pinochet zu den Verschwundenen des Spanischen Bürgerkrieges: Die Auseinandersetzung mit Diktatur und Menschenrechtsverletzungen in Spanien und Chile*, Bielefeld 2015, S. 376.

19 Vgl. Davor Beganović, der auf die Situation im sozialistischen Jugoslawien der 1990er Jahre eingeht: «Postapokalypse im Land der ‹guten Bosnier›. Kulturkritik als Quelle des kulturellen Rassismus», in: Sabina Ferhadbegović, Brigitte Weiffen (Hg.), *Bürgerkriege erzählen. Zum Verlauf unziviler Konflikte*, Göttingen 2011, S. 201–224.

20 Pia Hörstrup, *Hass und Rache in ‹Die Stimmen des Flusses› von Jaume Cabré*, Konstanz 2009, S. 76. Dieser an der Universität Konstanz entstandenen Staatsexamensarbeit verdanke ich wichtige Einsichten.

21 Welchen Stellenwert für die Betroffenen das Wissen um ihre im Krieg und Bürgerkrieg umgekommenen Familienangehörigen annimmt und welchen Wandel die Bedeutung dieser Information innerhalb der amerikanischen Gesellschaft durchlaufen hat, konnte Drew Gilpin Faust am Beispiel des Amerikanischen Bürgerkriegs eindrucksvoll belegen. Siehe Drew Gilpin Faust, *This Republic of Suffering: Death and the American Civil War*, New York 2008.

22 Christian Meier, *Das Gebot zu vergessen und die Unabweisbarkeit des Erinnerns. Vom öffentlichen Umgang mit schlimmer Vergangenheit*, München 2010, S. 49.

3. Lehre: Erinnerungskultur

1 Bahman Nirumand im Gespräch mit Tobias Armbruster, DLF am 5. April 2018.

2 Monika Nöhre (Hg.), *Zerstörte Rechtskultur. Vorträge im Berliner Kammergericht*, Berlin 2013, S. 45 ff.

3   *Im Labyrinth des Schweigens* (2014), Lars Kraumes Film *Der Staat gegen Fritz Bauer* (2015) und das Fernsehspiel der ARD *Die Akte General* (2016).

4   Senfft, *Der lange Schatten,* S. 76.

5   Senfft, *Der lange Schatten*, S. 40. Vgl. auch Astrid Gehrig, *Im Dienste der nationalsozialistischen Volkstumspolitik in Lothringen. Auf den Spuren meines Großvaters,* Münster 2014.

6   Maurice Halbwachs, *Das kollektive Gedächtnis,* Frankfurt am Main 1985, S. 2.

7   Friedrich Nietzsche, «Jenseits von Gut und Böse», in: *Sämtliche Werke,* hg. v. Giorgio Colli und Martino Montinari, Berlin, New York 1988, Bd. V, S. 86.

8   Peter Novick, *The Holocaust in American Life,* Boston 1999, S. 4.

9   Matthias Middell (Hg.), *Alles Gewordene hat Geschichte. Die Schule der Annales in ihren Texten 1929–1992,* Leipzig 1994, S. 159.

10 Dazu ausführlicher: Aleida Assmann, «Europe: A Community of Memory?» Twentieth Annual Lecture of the GHI, November 16, 2006, in: *GHI Bulletin,* Nr. 40 (Frühjahr 2007), S. 11–25.

11 Richard Sennett: «Disturbing Memories», in: Patricia Fara, Keraly Patterson (Hg.), *Memory,* Cambridge 1998, S. 10–26, hier S. 14.

12 Peter Jahn, «27 Millionen», in: *Die Zeit,* 14. Juni 2007.

13 Aufruf für «Ein Polen-Denkmal in der Mitte Berlins», 15. November 2017. Die Initiatoren des Denkmals sind der Präsident i. R. des Bundesamtes für Bauwesen und Raumordnung Florian Mausbach, Bundestagspräsidentin a. D. Prof. Dr. Rita Süssmuth und Bundestagspräsident a. D. Dr. h. c. Wolfgang Thierse, der Direktor der Stiftung Topographie des Terrors Prof. Dr. Andreas Nachama sowie der Direktor des Deutschen Polen-Instituts Prof. Dr. Dieter Bingen.

14 https://www.polendenkmal.de.

15 Dieter Bingen, «Ein Denkmal gegen die Bequemlichkeit», in: *FAZ,* 17. April 2018. Vgl. auch Andreas Rödder, «Empathie, kein Schuldkult», in: *Bürstädter Zeitung,* 5. Mai 2018: Mit Blick auf die Vertreibungserinnerung betont Rödder, dass es nichts bringt, Leidensgeschichten gegeneinander aufzurechnen. «Was allein hilft, ist Verständnis für die Sicht der anderen: Warum denken sie so, wie sie es tun? Und es ist allemal besser, bei sich selbst anzufangen als dies zuerst von den anderen zu fordern.»

16 Luisa Passerini, «Shareable Narratives? Intersubjectivity, Life Stories and Reinterpreting the Past», Berkeley Paper, 11.–16. August 2002, S. 5, 14.

17 Péter Esterházy, «Alle Hände sind unsere Hände», in: *Süddeutsche Zeitung,* 11. Oktober 2004, S. 16.

18 György Konrád: «Aufruhr». Rede zur Eröffnung des 50-jährigen Bestehens der Aktion Sühnezeichen am 3. Mai 2008 im Haus der Kulturen der Welt in Berlin. (www.asf-ev.de/fileadmin/asf_upload/aktuelles/Jubilaeum2008/gyergy.pdf)

19 http://www.europarl.europa.eu/visiting/de/brüssel/haus-der-europäischen-geschichte.

20 Der inzwischen außerhalb Polens lebende Direktor Paweł Machcewicz hat soeben ein Buch über die Geschichte des Gdansk-Museums veröffentlicht: *Der*

umkämpfte Krieg. Das Museum des Zweiten Weltkriegs in Danzig. Entstehung und Streit, Wiesbaden 2018.

21   Ich stütze mich für das Folgende auf die Dissertation von Sarah Czerney, *Zwischen Nation und Europa. Nationalmuseen als Europamedien,* Diss., Frankfurt am Main 2017, S. 191.

4. Lehre: Menschenrechte

1   Christoph Mick, «War and Conflicting Memories – Poles, Ukrainians and Jews in Lvov 1914–1939», in: *Simon Dubnow Institute Yearbook* 4 (2005), S. 257–278.

2   Flüchtlings- und Umsiedlungsgeschichten spielten in Westdeutschland noch lange eine Rolle im Gesprächsstoff der Erwachsenen. 2001 erzählte mir eine Bekannte aus Riga mit starkem ostpreußischen Akzent, dass sie sich zusammen mit allen anderen (Volks-)Deutschen im Laufe eines Vormittags auf den Abtransport aus ihrer Heimatstadt einzustellen hatte. Alle deutschen Bewohner der Stadt wurden in eine andere Stadt überführt, vielleicht war es Posen, aus der zuvor die Einwohner – vermutlich waren es Juden – evakuiert, deportiert, ermordet worden waren. Man zog in die leeren Häuser und Wohnungen der Stadt ein, wo noch das Frühstück auf dem Tisch stand. Bei dieser Umsiedelung, so wurde mir mitgeteilt, haben sich genau dieselben Nachbarschaften am neuen Ort wiederhergestellt, die in der verlassenen Stadt Riga bestanden hatten.

3   Andreas Kossert in einem Interview mit Marc von Lüpke, «Flüchtlinge nach dem Zweiten Weltkrieg. ‹Wie Vieh abgeschätzt›», *Spiegel online,* 1. April 2016, http://www.spiegel.de/einestages/vertriebene-nach-zweitem-weltkrieg-millionen-suchten-zuflucht-a-1076872.html.

4   Andreas Kossert, *Kalte Heimat: Die Geschichte der deutschen Vertriebenen nach 1945,* München 2008. Die Seitenzahlen beziehen sich auf dieses Buch.

5   Zit. nach Friedrich Geist, Klaus Küvers, *Das Berliner Mietshaus,* Bd. 3: *1945– 1989,* Berlin 1989, S. 236.

6   *Deutschland im Wiederaufbau. Tätigkeitsbericht der Bundesregierung für das Jahr 1953,* S. 8. 1950 befanden sich nach einer Volkszählung rund acht Millionen Flüchtlinge und Vertriebene in der Bundesrepublik Deutschland. Ihr Anteil an der Gesamtbevölkerung betrug 16,5 Prozent, in den agrarisch geprägten Hauptaufnahmeländern sogar zwischen 33 Prozent (Schleswig-Holstein) und 21 Prozent (Bayern). Wohnungen für Heimatvertriebene zu schaffen, war eine vordringliche Aufgabe der Nachkriegszeit. Staatliche Umsiedlungsprogramme auf freiwilliger Basis und individuell organisierte Umzüge trugen dazu bei, neue Existenzen aufzubauen. Förderung aus den Mitteln des Marshall-Plans, des sogenannten Soforthilfegesetzes, des Lastenausgleichs und sozialen Wohnungsbaus halfen zusammen mit hohen Eigenleistungen, neue Wohnungen und Häuser zu schaffen. (Deutsches Historisches Museum, http://www.dhm.de/ausstellungen/flucht-vertreibung/gliederung.html [22.6.2007].)

7   Dazu gehörte das erste umfassende Oral-History-Projekt der Geschichtswissen-
     schaft, an dem Historiker mit einer professionellen NS-Vergangenheit wie
     Theodor Schieder und Werner Conze beteiligt waren. In diesem wissenschaftli-
     chen Großprojekt, das vom Vertriebenenministerium in Auftrag gegeben wor-
     den ist, wurden ca. 10 000 Augenzeugenberichte gesammelt, von denen nur ein
     kleiner Teil veröffentlicht wurde. Sie liegen heute im Bundesarchiv. Vgl. Bernd
     Faulenbach, «Flucht und Vertreibung in der individuellen, politischen und kul-
     turellen Erinnerung», in: *BIOS* 21 (2008), Heft 1, S. 104–113, hier S. 107.

8   Ebd., S. 106.

9   Das gilt auch für andere europäische Konstellationen. 2016 stand ich in Wien
     in der Wohnung eines Kollegen, der mir die Wappen seines langen Stamm-
     baums erklärte und en passant erwähnte, dass seine Familie, als er mit 8 Jahren
     floh, in Ungarn sieben Schlösser zurücklassen musste, für die er keinerlei Ent-
     schädigung erhalten habe. Solche Gefühle lösen sich biographisch nicht einfach
     auf, aber sie sind inzwischen in einen neuen europäischen Rahmen eingegan-
     gen, in dem sie gezähmt, die Engländer sagen: ‹contained› sind.

10   Denselben Ton der Verständigung schlug Horst Seehofer in seiner Nürnberger
     Rede an: «Bayern und Tschechien sind heute Freunde und Nachbarn im Herzen
     Europas! Versöhnung statt Vergeltung – das war und ist die Botschaft der Sude-
     tendeutschen. Wie kaum eine andere Volksgruppe in Europa stehen die Sudeten-
     deutschen für die Kultur der Verständigung und des Dialogs. Nach der friedli-
     chen Revolution sind sie als erste in die alte Heimat gereist. Sie haben Kontakte
     geknüpft, Brücken gebaut, Gräben überwunden. Die Botschaft der Sudetendeut-
     schen ist eine Botschaft der Menschlichkeit und des Miteinanders in Europa.»

11   Marianne Hirsch, *The Generation of Postmemory: Writing and Visual Culture
     After the Holocaust,* New York 2012.

12   Diese Information entstammt einem amtlichen Dokument, das die Eltern im
     Rahmen einer Suchanzeige Ende der 50er Jahre aufgesetzt hatten. Vgl. Hans-
     Ulrich Treichel, *Der Entwurf des Autors, Frankfurter Poetik-Vorlesungen,* Frank-
     furt am Main 2000, S. 25.

13   Besonders deutlich hat Art Spiegelman, Sohn zweier Holocaust-Überlebender,
     in seiner Graphic Novel *Maus* diese Stellvertreter-Beziehung zum ermordeten
     älteren Bruder Richieu herausgearbeitet.

14   «Der wirtschaftliche Aufbau der Nachkriegsjahre war, aus individualpsycholo-
     gischer Perspektive betrachtet, wohl sehr oft wütende Abrissarbeit.» Treichel,
     Der Entwurf des Autors, S. 24.

15   Hans-Ulrich Treichel, *Der Verlorene,* Frankfurt am Main 1998, S. 45.

16   Vgl. Kay Hailbronner, Eckart Klein (Hg.), *Flüchtlinge – Menschenrechte –
     Staatsangehörigkeit. Menschenrechte und Migration,* Heidelberg 2002.

17   ‹Identität› ist in dieser Situation zu einem politischen Kampfbegriff geworden.
     Alexander Gauland wiederholte in diesem Sinne eine Parole der NPD: «Ihr
     Deutschen seid zu tolerant / Bald seid ihr fremd im eignen Land!»

18   Walter Benjamin, «Über den Begriff der Geschichte», in: *Illuminationen. Ausge-
     wählte Schriften,* Frankfurt am Main 1977, S. 251–261.

19 Bundeszentrale für politische Bildung: Flüchtlingstag 2018, http://www.bpb. de/politik/hintergrund-aktuell/271142/weltfluechtlingstag-2018.

20 Joachim Gauck, Rede anlässlich des ersten Gedenktages für die Opfer von Flucht und Vertreibung, Berlin, 20.6.2015, http://www.bundespraesident.de/ SharedDocs/Reden/DE/Joachim-Gauck/Reden/2015/06/150620-Gedenktag-Flucht-Vertreibung.html (1.6.2016).

21 Stephan Scholz, «Willkommenskultur durch ‹Schicksalsvergleich›. Die deutsche Vertreibungserinnerung in der Flüchtlingskrise», in: *Aus Politik und Zeitgeschichte*, http://www.bpb.de/apuz/229823/die-deutsche-vertreibungserinnerung-in-der-fluechtlingsdebatte.

22 Scholz, «Willkommenskultur».

23 Aleida Assmann, Ines Detmers (Hg.), *Empathy and its Limits*, Basingstoke 2016.

24 Hans Magnus Enzensberger, *Die Große Wanderung – Dreiunddreißig Markierungen. Mit einer Fußnote «Über einige Besonderheiten bei der Menschenjagd»*, Frankfurt am Main 1994. Melanie Mühl hat verdienstvollerweise Enzensbergers Gedanken zur Migration 25 Jahre nach Erscheinen noch einmal vorgestellt: «Je ärmer einer ist, desto fremder kommt er uns vor», in: *FAZ*, 7. Juli 2018, S. 13.

25 Es gibt sehr unterschiedliche Strategien, wie Künstler die Erfahrung der Migration in deutsche Städte bringen und die Bevölkerung mit dieser Realität konfrontieren, vor der sie lieber die Augen verschließen möchte. Manaf Halbouni hat im Foyer des Leipziger Museums der Bildenden Künste zum Beispiel einen roten Polo geparkt, den er als ein ‹Fluchtauto› mit Bettzeug, Büchern, Bier und anderem Zubehör ausgerüstet hat. Weitere Fluchtautos waren auf der Biennale in Venedig und in London zu sehen, wo sie die Besucher zu der Frage anregten, was sie wohl auf eine plötzliche Flucht mitnehmen würden. Im Museum im niederösterreichischen Städtchen Erlauf hat Halbouni seinen syrischen Pass deponiert, der ihm keine Dienste mehr leisten kann.

Differenzen, Defizite, Desiderate

1 Harald Schmid, «Das Unbehagen in der Erinnerungskultur. Eine Annäherung an aktuelle Deutungsmuster», in: Margrit Frölich, Christian Schneider (Hg.), *Das Unbehagen an der Erinnerung – Wandlungsprozesse im Gedenken an den Holocaust*, Frankfurt am Main 2012, S. 161–181, hier S. 169.

2 Dana Giesecke, Harald Welzer, *Das Menschenmögliche. Zur Renovierung der deutschen Erinnerungskultur*, Hamburg 2012.

3 Schmid, «Unbehagen», S. 177.

4 Ivan Krastev, *Europadämmerung. Ein Essay*, Berlin 2017, S. 25.

5 Ivan Krastev, «Europa, von Osten aus gesehen», in: *Die Zeit*, 5. Juli 2018, S. 9.

6 Tony Judt, *Geschichte Europas von 1945 bis zur Gegenwart*, München 2006. Beide Zitate stammen aus Mario Königs Rezension des Buches von Judt in *Traverse: Zeitschrift für Geschichte* 14 (2007), Heft 2, S. 162–165, hier S. 163.

7 Ebd., S. 164.

204 Anmerkungen zu S. 172–190

«Amerika und der Westen. Eine Idee bröckelt», Michael Kimmage im Gespräch mit Sibylle Salewski, DLF am 29.4.2018, https://www.deutschlandfunk.
de/amerika-und-der-westen-eine-idee-broeckelt.1184.de.html?dram:article_
id=413836. Der Historiker Kimmage, der an einem Buch zu diesem Thema arbeitet, erläutert in diesem informativen Gespräch den Aufstieg und das Ende
des Westens als ein Europa und die USA übergreifender «politischer, morali-
scher und kultureller Leitstern» während des Kalten Krieges. Nach Kimmage
hat es «ungefähr von 1890 bis zu den 50-ern gedauert, bevor man wirklich den
Westen als ein Leitmotiv der amerikanischen Außenpolitik gefunden hat». Das
Ende dieses Konzepts führt er unter anderem auf die Dekolonialisierung dieses
Westens zurück, der inzwischen auch andere Wurzeln und Herkunftsgeschich-
ten anerkennt und den westlichen Kulturkanon von Homer bis Hemingway
langsam aushöhlt.

9 Natalie Nougayrède, «Europe's future now rests on who owns the story of its
past», in: *The Guardian*, 13. Februar 2018.

10 George Orwell, *1984*, New York 1962, S. 32.

11 Andreas Platthaus, «Vergangenheit als Infekt», in: *FAZ*, 26. Juli 2018, S. 9.

12 Nougayrède, «Europe's future now rests on who owns the story of its past».

13 Peo Hansen, Stefan Jonsson, *Eurafrica. The Untold History of European Integration and Colonialism*, London 2014.

14 Peo Hansen, Stefan Jonsson, «Another Colonialism: Africa in the History of
European Integration», in: *Journal of Historical Sociology* 27 (3) 2014, S. 442–
461, hier S. 450.

15 Aus einem Brief Heinrich von Brentanos an Adenauer (1957): https://www.di-
vaportal.org/smash/get/diva2:621898/FULLTEXT01.pdf.

16 Étienne François, Thomas Serrier (Hg.), *Europa – notre histoire. L'Héritage Européen depuis Homère*, Paris 2017, S. 196. Zwischen Frankreich und Algerien
gibt es den Waffenstillstandsvertrag von Évian 1962, aber keinen Freundschafts-
vertrag wie zwischen Frankreich und Deutschland.

17 Bénédicte Savoy, *Die Provenienz der Kultur. Von der Trauer des Verlusts zum universalen Menschheitserbe*, Berlin 2018. Die Seitenzahlen beziehen sich auf dieses
Buch.

Epilog

1 Frank Schirrmacher (Hg.), *Im Osten erwacht die Geschichte. Essays zur Revolution in Mittel- und Osteuropa*, Stuttgart 1990.

2 Tony Judt, *Geschichte Europas von 1945 bis zur Gegenwart*, München 2006.

3 https://www.betterplace.org/de/organisations/2604-zentrum-fur-politische-
schonheit.

4 Victor Hugo, *Actes et paroles. Pendant l'exil* [1865], in: *Œuvres complètes*, Paris
1985, S. 65.

5 Georges Bernanos, *Les Enfants humiliés. Journal 1939–1940*, Paris 1949, S. 29.

Personenregister

Adenauer, Konrad 24, 53, 99, 148,
     177 f., 193, 204
Agamben, Giorgio 66, 195
Ai Weiwei 190
Aly, Götz 85, 98, 120, 196
Améry, Jean 44, 186
Anderson, Benedict 74 f.
Antelme, Robert 22
Apitz, Bruno 198
Arendt, Hannah 43, 65–68, 174,
     194 f.
Armbruster, Tobias 199
Arnold-de Simine, Silke 197

Bachmann, Ingeborg 82
Bade, Klaus J. 195
Barroso, José Manuel 21
Barthes, Roland 74
Bauer, Fritz 44 f., 99, 106, 122 f., 198,
     200
Bauer, Yehuda 174
Beganović, Davor 199
Benjamin, Walter 154 f., 202
Berg, Nicolas 198
Bernanos, Georges 190, 204
Bernecker, Walther L. 199
Bingen, Dieter 200
Bloch, Marc 52, 134
Brandt, Willy 25 f., 84, 135, 149
Brentano, Heinrich von 178, 204
Brentano, Margherita von 97,
     197
Briand, Aristide 22
Brinkmann, Sören 199

Broszat, Martin 193
Butler, Judith 51

Cameron, David 90–92, 197
Capdepón, Ulrike 115 f., 199
Cassin, René 57, 194 f.
Champollion, Jean-François 182
Charles, Prince of Wales 90
Chirac, Jacques 90
Chomsky, Noam 77, 196
Churchill, Winston 22, 39–41, 43, 53,
     185, 193
Clinton, Bill 196
Colli, Giorgio 200
Conze, Werner 202
Czerney, Sarah 195, 201

Danyel, Jürgen 198
De Gaulle, Charles 24
Demnig, Gunter 123
Detmers, Ines 203
Diner, Dan 166
Dülffer, Jost 197

Ehalt, Hubert Christian 9
Eichel, Hans 192
Eichmann, Adolf 44, 122
Eilenberger, Wolfram 71 f., 195
Eisenhower, Dwight D. 24
Elizabeth II., Königin von
     Großbritannien 28, 192
Emcke, Carolin 68, 195
Enzensberger, Hans Magnus 65, 159 f.,
     195, 203

Esterházy, Péter 137 f., 200
Etkind, Alexander 199

Fara, Patricia 200
Faulenbach, Bernd 97, 149, 198, 202
Faust, Drew Gilpin 199
Ferhadbegović, Sabina 199
Fiedler, Leslie 75, 77, 196
Franco, Francisco 38, 109 f., 112 f., 199
François, Étienne 192, 196 f., 204
Frei, Norbert 37, 193 f., 198
Frölich, Margrit 203

Garton Ash, Timothy 27, 192
Garzón, Baltasar 113, 115, 199
Gauck, Joachim 26, 102 f., 156–158, 203
Gauland, Alexander 166 f., 202
Gehrig, Astrid 200
Geist, Friedrich 201
Giesecke, Dana 203
Giuliani, Luca 10
Globke, Hans 177
Gorbatschow, Michail 100
Granin, Daniil 136
Grass, Günter 24, 152, 192
Grimm, Dieter 10
Guevara, Ernesto Rafael «Che» 62, 123

Habermas, Jürgen 79 f., 196–198
Hailbronner, Kay 202
Halbouni, Manaf 160 f., 203
Halbwachs, Maurice 130 f., 200
Hansen, Peo 204
Hartman, Geoffrey H. 194
Havel, Václav 23
Heer, Hannes 124
Hegel, Georg Wilhelm Friedrich 11
Heinemann, Gustav 106
Hemingway, Ernest 204
Herman, Daniel 150
Hess, Christine 36, 192
Hirsch, Marianne 150, 202

Hitler, Adolf 14, 37, 40, 49, 70, 83, 85 f., 166, 173–175, 191
Ho Chi Minh 62, 123
Höcke, Björn 164–166
Hörr, Gudula 192
Hörstrup, Pia 199
Hollande, François 89 f., 93, 189
Homer 204
Hugo, Victor 190, 204
Huizinga, Johan 49, 52, 188 f., 194
Hurrelbrink, Peter 196

Ingendaay, Paul 199
Inowlocki, Lena 127

Jackson, Robert H. 31 f.
Jahn, Peter 200
Jahn, Roland 104 f., 107, 198
Jaspers, Karl 43 f., 194
Jelin, Elizabeth 195
Jenkins, Simon 193, 197
Jonsson, Stefan 204
Judt, Tony 13, 19, 50, 171, 189, 191, 194, 203 f.
Jureit, Ulrike 162

Kaczyński, Jarosław 139 f.
Kaczyński, Lech 140
Kennan, George F. 95, 197
Kerski, Basil 60
Kielinger, Thomas 192
Kimmage, Michael 192, 204
Klein, Eckart 202
Klibansky, Raymond 194
Knellessen, Daggi 194
Kochheim, Philipp 192
König, Mario 203
Kohl, Helmut 24 f., 46, 123 f., 163
Kollwitz, Käthe 123 f.
Konrád, György 138, 200
Koselleck, Reinhart 11, 154
Kossert, Andreas 145–147, 201
Krastev, Ivan 167–174, 203

Kraume, Lars 200
Küvers, Klaus 201

Leggewie, Claus 194
Lemkin, Raphael 33
Lenin, Wladimir Iljitsch 86, 123
Lepenies, Wolf 80, 196
Ludz, Ursula 194
Lübbe, Hermann 42 f., 101, 105, 193
Lüpke, Marc von 201

Machcewicz, Paweł 10, 36 f., 139, 141, 193, 200 f.
Macron, Emmanuel 181
Malinowski, Bronisław 74, 196
Margalit, Avishai 192
Marshall, George C. 15, 201
Marx, Karl 123
Mauriac, François 23
Mausbach, Florian 200
Mauz, Gerhard 198
McGuinness, Martin 28
Maier, Charles 10
Meier, Christian 41 f., 108–110, 117–120, 193, 199
Mensching, Steffen 175
Merkel, Angela 90
Mick, Christoph 201
Middell, Matthias 194, 200
Miłosz, Czesław 24, 192
Milward, Alan 13, 19, 191
Mishra, Pankaj 8 f., 191
Mitterrand, François 24 f.
Molotow, Wjatscheslaw Michailowitsch 174
Montinari, Martino 200
Mühl, Melanie 195, 203

Nachama, Andreas 200
Napoleon I., Kaiser der Franzosen 131
Niethammer, Lutz 146 f.
Nietzsche, Friedrich 132, 200
Nirumand, Bahman 120, 199

Nöhre, Monika 199
Nora, Pierre 93, 130, 179
Nordmann, Ingeborg 194
Nougayrède, Natalie 172 f., 175 f., 191, 204
Novick, Peter 133, 200

Obama, Barack 76
Oltmer, Jochen 195
Orbán, Viktor 196
Orwell, George 173, 204

Passerini, Luisa 137, 200
Paton, Herbert J. 194
Patterson, Keraly 200
Pinochet, Augusto 113 f., 199
Platthaus, Andreas 175, 204
Prost, Antoine 195
Putin, Wladimir 17, 19

Rathkolb, Oliver 9
Reagan, Ronald 46, 196
Reemtsma, Jan Philipp 38 f., 193
Renan, Ernest 13 f., 74 f., 131 f., 191, 196
Ribbentrop, Joachim von 174
Rieff, David 193
Rifkin, Jeremy 76
Rödder, Andreas 200
Roosevelt, Eleanor 57
Roosevelt, Franklin D. 57
Rorschach, Hermann 94
Rosenfeld, Gerhard 192
Rüdenauer, Ulrich 196
Russell, Bertrand 146

Salewski, Sibylle 204
Sarkozy, Nicolas 179
Sarr, Felwine 181
Savoy, Bénédicte 181–183, 204
Scharoun, Hans 147 f.
Schieder, Theodor 202
Schirrmacher, Frank 186, 204
Schlieffen, Alfred von 197

Schmid, Harald 162, 203
Schmidt, Helmut 136
Schneider, Christian 162, 203
Scholz, Stephan 157 f., 203
Schrimm, Kurt 198
Schröder, Gerhard 25
Schüle, Christian 199
Schuller, Wolfgang 100 f., 197 f.
Schuman, Robert 81, 83
Schwammberger, Josef 198
Schwan, Gesine 196
Seehofer, Horst 158, 202
Senfft, Alexandra 126 f., 198, 200
Sennett, Richard 134, 200
Serrier, Thomas 192, 196 f., 204
Shakespeare, William 125
Shaw, George Bernard 11
Simpson, James 10
Sindbæk Andersen, Tea 197
Solschenizyn, Alexander 23
Spiegelman, Art 202
Staeck, Klaus 122
Stalin, Josef 86 f., 98, 112, 173–175, 186
Steinbach, Erika 139, 150
Stengel, Katharina 194
Strauß, Franz Josef 164
Stresemann, Gustav 22

Süssmuth, Rita 200
Szymborska, Wisława 192

Thierse, Wolfgang 200
Timmermann, Heiner 197
Treichel, Günter 151
Treichel, Hans-Ulrich 150–152, 202
Trump, Donald 76, 172
Tusk, Donald 139
Tutu, Desmond 36

Valéry, Paul 11 f., 20, 191
Venclova, Tomas 192
Voßkuhle, Andreas 158 f.

Waldheim, Kurt 50
Wałęsa, Lech 59
Weiffen, Brigitte 199
Weizsäcker, Richard von 29, 47, 84
Welsch, Wolfgang 196
Welzer, Harald 162, 203
Wiesel, Elie 22 f.
Wiesenthal, Simon 198
Wieviorka, Annette 44
Winkler, Heinrich August 85, 196 f.
Winter, Jay 93, 195
Wolfrum, Edgar 194

Zapatero, José Luis 113